WÖRTERBUCH

BAND I

A - J

Erläuterungen zu Begriffen aus den Bereichen
Physik, Chemie, Biologie, Psychologie, NLP,
Psychotherapie, systemische Arbeit, Religion
u.e.m.

zusammengestellt von
Thomas A. M. Windelschmidt

WÖRTERBUCH

BAND I
A - J

Erläuterungen zu Begriffen aus den Bereichen Physik, Chemie, Biologie, Psychologie, NLP, Psychotherapie, systemische Arbeit, Religion u.e.m.

zusammengestellt von
Thomas A. M. Windelschmidt

Impressum

Umwelthinweis

Dieses Buch und der Schutzumschlag wurden auf chlorfrei gebleichtem Papier gedruckt. Die Einschrumpffolie zum Schutz vor Verschmutzung ist aus umweltfreundlichem und recyclingfähigem PE-Material.

Bibliografische Information der Deutschen Nationalbibliothek

Die Deutsche Nationalbibliothek verzeichnet diese Publikation in der Deutschen Nationalbibliografie; detaillierte bibliografische Daten sind im Internet über www.dnb.de abrufbar.

Autor:

Thomas A. M. Windelschmidt

www.omniatherapie.de / www.omniavision.de

Verlag

Deutscher Verlag für Bildung, Wissenschaft und Forschung, Eppingen

Umschlagfoto: © Pixabay

Erstauflage 2019

Printed in Germany

ISBN Hardcover	978-3-96565-044-2
ISBN Paperback	978-3-96565-045-9
ISBN Epub	978-3-96565-046-6
ISBN Mobi	978-3-96565-047-3

Dieses Wörterbuch wurde nur für Sie zusammengestellt.

Inhaltsverzeichnis Band 1

Liebe Leserin, lieber Leser,

meine Bücherreihe ist von mir in möglichst einfachen Worten formuliert worden, damit man den Inhalt auch ohne medizinische Ausbildung oder Heilpraktiker-Kenntnisse verstehen und nachvollziehen kann. Leider muss man aber an einigen Stellen auf Fachbegriffe zurückgreifen, für die es z.T. keine simple Alternative gibt. Dazu erscheint es mir sinnvoll, Begriffe, die man eventuell für eindeutig erachtet, die aber aus verschiedenen Blickwinkeln betrachtet und gedeutet werden können, zu definieren oder zumindest die gemeinte Bedeutung zu erläutern.

Das nachfolgende Buch ist auf vielfachen Wunsch entstanden und lediglich als Anhang zu meiner Bücherreihe gedacht. Es beinhaltet Begriffe und Definitionen, die in meinen Büchern Verwendung finden. Der Anhang wird voraussichtlich mit der Veröffentlichung weiterer Büchern eine Ergänzung erhalten. Darum steht Ihnen immer eine aktuelle Variante kostenlos als pdf-Datei zum Download auf allen dazugehörenden Webseiten zur Verfügung. Eine Druckversion ist nur als „Ausweg" für diejenigen gedacht, die keine pdf-Datei ausdrucken können oder sich den Aufwand sparen möchten, nach Erläuterungen für die Begriffe, z.B. im Internet, zu suchen.

Die Definitionen und Erläuterungen werden z.g.T. aus der medizinischen Fachliteratur oder anderen Veröffentlichungen, z.B. Wikipedia, übernommen. Dies ist in diesen Fällen jeweils als Fußnote vermerkt, u.a. damit ein Prüfen der Inhalte oder das Vertiefen in die Inhalte und ergänzende Erläuterungen leicht möglich ist.

Die Erläuterungen und Beschreibungen müssen sich nicht mit meiner Meinung und Einschätzung decken. Ich habe ganz bewusst auf Umformulierungen oder Bemerkungen verzichtet, damit die Erläuterungen möglichst neutral gehalten bleiben. An einigen Stellen habe ich umgekehrt Meinungen und Bewertungen von Verfassern außen vorgelassen.

Ich wünsche Ihnen viel Spaß beim informativen Lesen und freue mich auf Ihre Anregungen und Fragen.

Herzlichst Ihr
Thomas A. M. Windelschmidt

1 Buchstabe A

1.1 ADHS

Die Aufmerksamkeitsdefizit-Hyperaktivitätsstörung (ADHS) gehört zur Gruppe der Verhaltens- und emotionalen Störungen mit Beginn in der Kindheit und Jugend (nach ICD-10: F90–F98). Sie äußert sich durch Probleme mit Aufmerksamkeit, Impulsivität und Selbstregulation sowie manchmal auch durch ausgeprägte körperliche Unruhe (Hyperaktivität).

Diesen Symptomen liegt nach heutigem Stand eine neurobiologische Entwicklungsverzögerung der exekutiven Funktionen zugrunde. ADHS kann dabei auch als ein Extremverhalten aufgefasst werden, das einen fließenden Übergang zur Normalität zeigt. Es handelt sich darum nur um eine quantitative, aber keine qualitative Abweichung. Daher müssen die Auffälligkeiten für das Alter übermäßig stark ausgeprägt und seit der Kindheit vorhanden sein. Symptome alleine haben jedoch keinen Krankheitswert: Eine Diagnose ist erst gerechtfertigt, wenn sie zusätzlich mehrere Lebensbereiche deutlich beeinträchtigen oder zu erkennbarem Leiden führen.

Die Häufigkeit der ADHS unter Kindern und Jugendlichen wird mit 5,9 bis 7,1 % beziffert. Sie gilt heute als häufigste psychiatrische Erkrankung bei Kindern und Jugendlichen. Jungen sind merklich häufiger betroffen als Mädchen. Verlaufsstudien haben gezeigt, dass bei 40 bis 80 % der diagnostizierten Kinder auch in der Adoleszenz die Störung fortbesteht und mindestens in einem Drittel der Fälle auch im Erwachsenenalter noch eine einschränkende ADHS-Symptomatik nachweisbar ist (siehe ADHS bei Erwachsenen).

ADHS als neurobiologische Störung hat sowohl genetische als auch und umweltbedingte Ursachen und kann im Einzelfall sehr unterschiedliche Folgen haben. Meist stehen Betroffene und ihre Angehörigen jedoch unter erheblichem Druck. Versagen in Schule oder Beruf sowie die Entwicklung von weiteren psychischen Störungen sind häufig. Die Behandlung richtet sich daher nach dem Schweregrad, den jeweiligen Symptomen und dem Alter des Betroffenen.

Die Forschung zur Klärung von Ursachen und Möglichkeiten der Behandlung sind seit Jahrzehnten überaus intensiv. Inzwischen (Stand 2016) sind die Nachteile einer verpassten oder fehlerhaften Behandlung weitgehend geklärt, ebenso wie die Vorteile einer guten, individuell angepassten Behandlung. Sogar Anzeichen für eine langfristige Erholung von beeinträchtigten Gehirnfunktionen durch angemessene Behandlung sind bereits vielfach mit modernen bildgebenden Verfahren nachgewiesen worden.[1]

1 https://de.wikipedia.org/wiki/Aufmerksamkeitsdefizit-/Hyperaktivit%C3%A4tsst%C3%B6rung

1.2 Adrenalin

Adrenalin (lateinisch ad ,an' und ren ,Niere') ist ein im Nebennierenmark gebildetes Stresshormon und ein wichtiger Neurotransmitter.

Einmal ins Blut ausgeschüttet, vermittelt Adrenalin eine Herzfrequenzsteigerung, einen Blutdruckanstieg und eine Bronchiolenerweiterung. Das Hormon bewirkt zudem eine schnelle Energiebereitstellung durch Fettabbau (Lipolyse) sowie die Freisetzung und Biosynthese von Glucose. Es reguliert die Durchblutung (Zentralisierung) und die Magen-Darm-Tätigkeit (Hemmung).

Im Zentralnervensystem kommt Adrenalin als Neurotransmitter in adrenergen Neuronen vor. Seine Effekte vermittelt Adrenalin über eine Aktivierung von G-Protein-gekoppelten Rezeptoren, den Adrenozeptoren.

Adrenalin ist ein Stresshormon und schafft als solches die Voraussetzungen für die rasche Bereitstellung von Energiereserven, die in gefährlichen Situationen das Überleben sichern sollen (Kampf oder Flucht). Diese Effekte werden auf subzellularer Ebene durch Aktivierung der G-Protein-gekoppelten Adrenorezeptoren vermittelt.

Eine häufig gebrauchte Bezeichnung für Adrenalin (ursprünglich ein Markenname) ist Epinephrin (INN) (griechisch ἐπί epi ,auf' und νεφρός nephrós ,Niere').[2]

---

[2] https://de.wikipedia.org/wiki/Adrenalin

1.3 Affektive Störungen

Die affektiven Störungen oder auch Affektstörungen (englisch affective disorders) sind eine Gruppe von psychischen Störungen, die vor allem durch eine klinisch bedeutsame Veränderung der Stimmungslage gekennzeichnet sind. Die Gemütsbewegungen (Affekte) können in Richtung Depression gedrückt oder in Richtung Manie gesteigert sein. In diesem Zusammenhang wird der Begriff Affekt im Sinne von Grundstimmung gebraucht. Ihre Veränderung kann akut, chronisch oder episodisch auftreten.

Für die Diagnose werden Antrieb, Spontaneität, Schlafbedürfnis, Appetit, sexuelles Interesse und das soziale Leben des Betroffenen mitbetrachtet. Ebenso können gleichzeitig Störungen des formalen oder inhaltlichen Denkens und der Wahrnehmung auftreten.

Die Einteilung und Klassifikation der affektiven Störungen war im Laufe der Zeit vielen Änderungen unterworfen. Die folgende Darstellung orientiert sich an der Internationalen statistischen Klassifikation der Krankheiten und verwandter Gesundheitsprobleme (ICD-10), die sich von der Strukturierung im Diagnostic and Statistical Manual of Mental Disorders (DSM-5) unterscheidet.[3]

- Manie
- Depression

---

[3] https://de.wikipedia.org/wiki/Affektive_St%C3%B6rung

- Bipolare Störung
- Rezidivierende depressive Störung
- Anhaltende affektive Störungen

1.4 Affirmation

Die Affirmation (lateinisch affirmatiō für „Versicherung, Beteuerung") ist eine wertende Eigenschaft für prozedurale, kognitive oder logische Entitäten, die mit „Bejahung", „Zustimmung", „positiver Wertung" oder „Zuordnung" beschrieben werden kann.

Bezogen auf individuelle und kollektive Gedanken, Aussagen und Handlungen (hier besonders: Gebete und Mantras) und mit durchaus sehr unterschiedlichen Zielen (z.B. Selbstheilung, Erkenntnis, Erleuchtung etc.) werden Affirmationen verstanden als eine bewusst ausgedrückte Haltung, die das System aus sich selbst heraus positiv beeinflusst.

Wenn auch in zahlreichen Richtungen und Schulen traditioneller und zeitgenössischer Weisheitslehren aus den Bereichen Spiritualität, Religion und Esoterik unzählige diesbezügliche Praktiken bekannt sind, entstehen Fragen betreffend der Kausalität von Affirmationen und ihren koinzidenten Folgen. So zeigen sich aus heutiger Sicht erkenntnistheoretische Hürden, die u.a. auch in fehlenden geeigneten methodologischen Ansätzen begründet sind.

Das systematische Sammeln und Auswerten authentischer Berichte und historischer Niederschriften über mutmaßliche affirmative Wirkungen kann eine Auseinandersetzung mit Themen sein, die im Bereich der Parapsychologie liegen.

Zur Therapie dysfunktionalen Verhaltens bzw. psychischer Störungen gibt es in der klinischen Psychologie Ansätze, die Affirmationen als Technik verwenden.[4]

1.5 Aktive Imagination

Die Aktive Imagination ist eine methodische Vorgehensweise unter anderen bereits bekannten Methoden. C.G. Jung hat die aktive Imagination im Rahmen seiner Analytischen Psychotherapie entwickelt, welche nicht mit der Psychoanalyse nach S. Freud zu verwechseln ist. In einem Brief von 1947 schreibt Jung, was er unter Aktiver Imagination versteht.

> „Bei der Aktiven Imagination kommt es darauf an, dass Sie mit irgendeinem Bild beginnen... . Betrachten Sie das Bild und beobachten Sie genau, wie es sich zu entfalten oder zu verändern beginnt. ... All diese Wandlungen müssen Sie sorgsam beobachten, und Sie müssen schließlich selbst in das Bild hineingehen. Kommt eine Figur vor, die spricht, dann sagen auch Sie, was Sie zu sagen haben, und hören auf das, was er oder sie zu sagen hat. Auf diese Weise können Sie nicht nur Ihr Unterbewusstes nalysieren, sondern Sie geben auch

[4] https://de.wikipedia.org/wiki/Affirmation

> dem Unterbewussten die Chance, sie zu analysieren. Und so erschaffen Sie nach und nach die Einheit von Bewusstsein und Unbewusstem, ohne die es überhaupt keine Individuation gibt."

Noch drastischer formuliert er in einem Brief von 1950:

> „...Man muss nämlich selber in die Phantasie eintreten und die Figuren zwingen Rede und Antwort zu stehen. Dadurch erst wird das Unbewusste dem Bewusstsein integriert, nämlich durch ein dialektisches Verfahren, das heißt durch den Dialog zwischen Ihnen und den unbewussten Figuren. Was in der Phantasie geschieht, muss Ihnen geschehen. Sie dürfen sich nicht durch eine Phantasiefigur vertreten lassen. Sie müssen das „Ich" bewahren und nur modifizieren durch das Unbewusste, wie auch letzteres in seiner Berechtigung anerkannt und nur daran gehindert werden muss, das „Ich" zu unterdrücken und zu assimilieren."

Heute wird die aktive Imagination im Rahmen von Behandlungen, der dieses Konzept zu Grunde liegt weiterhin angewandt. In dieser Beschreibung der Aktiven Imagination wird deutlich, dass dabei sowohl das Wahrnehmen des inneren Bildes eine Rolle spielt, als auch die sprachliche Auseinandersetzung mit inneren Gestalten.

Auch wird ersichtlich, dass das Modell der Symbolbildung, wie Jung es beschreibt, bei der Aktiven Imagination erfahrbar wird: Das Unbewusste zeigt sich, muss wahr- und angenommen werden und im Dialog mit dem Bewussten, dem wachen „Ich", verändern sich beide, Bewusstes und Unbewusstes, erfahrbar in den sich verändernden Symbolen oder in neuen Symbolbildungen.

Diese Symbole sind Wegmarken des Individualitätsprozesses, dieses psychischen Reifungs- und Wandlungsprozesses, bei dem es darum geht, durch die Auseinandersetzung zwischen Bewusstsein und Unbewusstem zu dem Menschen zu werden, der man eigentlich ist, immer auf dem Weg, zu mehr selbst.

Kontrollfähigkeit einerseits und die Fähigkeit, die Bilder fließen zu lassen andererseits sind Voraussetzungen dafür die Aktive Imagination machen zu können.

Die Schwierigkeit der Aktiven Imagination besteht darin, dass das „Ich" sich immer wieder ganz dem Fluss der Bilder überlassen muss, also sehr viel Kontrolle aufgibt und diesen inneren Figuren dadurch Autonomie zugesteht - soweit dies möglich ist - und dann in einer ganz veränderten wachen Bewusstseinseinstellung sich mit diesen Figuren auseinandersetzt, dadurch gestaltet, formuliert, was das „Ich" gesehen, erahnt hat, und sich dann wieder dem Fluss der Bilder überlässt.

Das Aktive an der Aktiven Imagination ist, dass das „Ich" aktiv in die Imagination eintritt, dass es „kontrollierend" und verändernd-verwandelnd ins imaginative Geschehen eintreten kann. Dadurch wird das Unbewusste mit dem Bewussten verbunden.[5]

1.6 Akupunktur

Die Akupunktur (lat.: acus = Nadel, punctio = das Stechen, chinesisch 針砭, Pinyin zhēn biān) zählt als Teilgebiet zur traditionellen chinesischen Medizin (TCM).

Die traditionelle chinesische Medizin geht von einer "Lebensenergie des Körpers" (Qi) aus, die auf definierten Leitbahnen, Meridianen genannt, fließen und einen Einfluss auf die Körperfunktionen haben soll.

Ein gestörter Energiefluss soll gemäß TCM für Erkrankungen verantwortlich sein, wobei durch Stiche in auf den Meridianen liegenden Akupunkturpunkten der Energiefluss harmonisiert werden soll.

1.7 All Senses Imagination

Der von Thomas A. M. Windelschmidt eingeführte Begriff All Senses Imaginations beschreibt das aktive Herbeiführen von imaginären, traumähnlichen Bildern auf allen Sinnesebenen.

[5] http://www.spirituelle-medizin.de/jung.html

Wichtig für eine erfolgreiche Imagination ist eine emotionale Koppelung der Sprache und Stimme an die Gedanken des Patienten. Ein sachlicher Satz wie „Du hast jetzt Speichelfluss" wird nicht das gewünschte Ergebnis zur Folge haben können, weil nur die Ratio angesprochen wird. Erklärt man jedoch mit emotionaler Stimme, wie saftig süß die Orange schmeckt (gustatorische Wahrnehmung), in welchen Farben sie leuchtet (visuelle Wahrnehmung), wie sich die Oberfläche anfühlt (taktile Wahrnehmung), welches Geräusch entsteht, wenn man die Orange schält und schneidet (auditive Wahrnehmung) und wie die frisch geschälte Orange duftet (olfaktorische Wahrnehmung), dann wird der Patient kaum umhin kommen, dieses Bild in allen Tastsinnen zu „erleben" und entsprechend, z.B. mit Speichelfluss" zu reagieren.

Die weitergehende Kunst ist es nun, darüber hinaus beim Patienten Erinnerungen ins Bewusstsein zu rufen, die mit einem ähnlichen Erlebnis in Verbindung gebracht werden können, z.B. eine Situation, als der Proband als Kind im Kreise der Familie Orangen geschält und gegessen hat. Hierbei hilft eine tranceinduzierte Tiefenentspannung, die das „bewusste Erinnern" unnötig macht und stattdessen die „gefühlte" Situation über das Unterbewusste anspricht.[6]

[6] http://www.reframingcoaching.com/was-sind-all-sense-imaginations/

1.8 Allergie

Als Allergie (altgriechisch ἡ ἀλλεργία ‚die Fremdreaktion', aus ἄλλος állos ‚anders', ‚fremd', ‚eigenartig' und τὸ ἔργον to érgon ‚das Werk', ‚die Arbeit', ‚die Reaktion') wird eine überschießende krankhafte Abwehrreaktion des Immunsystems auf bestimmte normalerweise harmlose Umweltstoffe (Allergene) bezeichnet.

Die allergische Reaktion richtet sich gegen von außen kommende Stoffe. Autoimmunreaktionen, also krankhafte Reaktionen des Immunsystems gegen Bestandteile des eigenen Körpers, werden nur dann zu den Allergien gezählt, wenn sie durch von außen in den Körper gelangende Stoffe und Partikel ausgelöst werden.

Neben den Allergien gibt es weitere Unverträglichkeitsreaktionen, z.B. die Pseudoallergie oder die Intoleranz, die mit einem ähnlichen Krankheitsbild wie eine Allergie einhergehen können. Da eine Allergie, eine Pseudoallergie oder eine Intoleranz ähnliche Symptome verursachen können, werden diese Begriffe im allgemeinen Sprachgebrauch undifferenziert und fälschlicherweise oft synonym verwendet. Richtiger wäre, solange die Diagnose nicht gesichert ist, die neutralen Begriffe Unverträglichkeit, Überempfindlichkeitsreaktion oder unerwünschte Nebenwirkung zu verwenden.[7]

[7] https://de.wikipedia.org/wiki/Allergie

1.9 Allopathie

Allopathie (von altgriechisch ἄλλος állos ‚anders beschaffen, verschieden' sowie πάθος páthos ‚Leiden'), auch Allöopathie, war ursprünglich eine Bezeichnung Samuel Hahnemanns, des Begründers der Homöopathie, für bestimmte nicht-homöopathische Behandlungsmethoden. Später weitete Hahnemann den Begriff auf alle damals etablierten, an medizinischen Schulen gelehrten Therapieformen (die „bisherige Arzneischule") aus, die von Hahnemann abwertend auch „Schulmedizin" genannt wurden.

Gegenwärtig wird das Wort Allopathie allgemein gegen die Heilkunde verwendet, die nach wissenschaftlichen und evidenzbasierten Grundsätzen gelehrt wird, gelegentlich auch von Befürwortern anderer alternative Therapieansätze, die der Homöopathie widersprechen.

Da sich für Hahnemann Krankheiten als Komplex von Krankheitszeichen darstellten, bewertete er die von ihm beobachteten medizinischen Behandlungsmethoden seiner Zeit folglich nach ihrer Stellung zu den Leidenszeichen in homöopathisch, isopathisch, antipathisch bzw. enantiopathisch bzw. palliativ und allopathisch.[8]

[8] https://de.wikipedia.org/wiki/Allopathie

1.10 Aminosäure

Aminosäuren (unüblich Aminocarbonsäuren, veraltet Amidosäuren) sind eine Klasse organischer Verbindungen mit mindestens einer Carboxygruppe (–COOH) und einer Aminogruppe (–NH2) oder substituierten Aminogruppe (–NR2), gehören also sowohl zur Gruppe der Carbonsäuren als auch zu jener der Amine.

Die Stellung der Aminogruppe zur Carboxygruppe teilt die Klasse der Aminosäuren in Gruppen auf. Die wichtigsten Aminosäuren haben eine endständige Carboxygruppe und in direkter Nachbarschaft die Aminogruppe. Dies nennt man geminal oder α-ständig; diese Aminosäuren gehören zu den so genannten α-Aminosäuren.

Die Bezeichnung Aminosäuren wird oft verkürzend synonym zu proteinogene Aminosäuren benutzt für jene Aminosäuren, die Bausteine der Proteine sind. Diese sind α-Aminosäuren, von denen bisher 23 als proteinogen bekannt sind; doch geht das Spektrum der Klasse der Aminosäuren weit über diese hinaus. So sind bisher 400 nichtproteinogene natürlich vorkommende Aminosäuren bekannt, die biologische Funktionen haben.

Die Anzahl der synthetisch erzeugten und die der theoretisch möglichen Aminosäuren ist noch erheblich größer. Eine spezielle Gruppe stellen die vergleichsweise seltenen D-Aminosäuren dar.

Abbauprodukte von Aminosäuren wie die biogenen Amine werden im Organismus vielfältig weiter umgesetzt und können selber physiologische Wirkungen, beispielsweise als Neurotransmitter, entfalten.

Aminosäuren konnten bisher nicht nur auf der Erde, sondern bereits auch auf Kometen, Meteoriten und sogar in Gaswolken im interstellaren Raum nachgewiesen werden.[9]

1.11 Anamnese

Die Anamnese (von altgriechisch **ἀνάμνησις** anámnēsis, deutsch ‚Erinnerung') ist die professionelle Erfragung von medizinisch potenziell relevanten Informationen durch einen heilberuflich Tätigen (z.B. Arzt), bei der entweder der Patient selbst antwortet (Eigenanamnese) oder eine dritte Person (Fremdanamnese).

Die Anamnese ist eine wesentliche Säule der Diagnosestellung und kann unter anderem Fragen nach Vorerkrankungen und Allergien, familiären Erkrankungen, Beruf, Medikamenteneinnahmen, Risikofaktoren, Sexualverhalten, Reiseverhalten und subjektiven Beschwerden beinhalten. Sie ist in allen medizinischen Disziplinen von hoher Bedeutung.[10]

Die Anamnese bei einem Reframingcoaching geht über eine normale medizinische Anamnese weit hinaus. So werden

---

[9] https://de.wikipedia.org/wiki/Aminos%C3%A4uren

[10] https://de.wikipedia.org/wiki/Anamnese

z.B. über die bei einer medizinischen Anamnese gestellten Fragen weitergehende Details zur Familienkonstellation (u.a. Sternzeichen aller Beteiligten), zur Vorschwangerschaftszeit, zur Schwangerschaftshistorie, zu Verhaltensauffälligkeiten von Familienmitgliedern, dazu traumatische Familienerlebnisse u.v.m. aufgenommen.

1.12 Andacht

Eine Andacht ist im allgemeinen Sinn die innere Sammlung, Aufmerksamkeit (Attentio) oder Anteilnahme. Im religiösen Sinne bezeichnet sie die geistliche Sammlung der Gedanken im Gebet sowie einen kurzen Gottesdienst, der besonders dem Gebet gewidmet ist.

Andacht bezeichnet sowohl eine „religiöse Versenkung" wie auch einen Gebetsgottesdienst. Nachgewiesen wurde im Althochdeutschen anathāht im 10. Jahrhundert, mittelhochdeutsch andāht für ‚Denken an etwas, Aufmerksamkeit, Hingabe' als eine Abstraktbildung zu althochdeutsch anathenken ‚an etwas denken' im 9. Jahrhundert.

Der religiöse Bezug als ‚Hinwendung zu Gott' wurde im Mittelhochdeutschen des 12. Jahrhunderts vorherrschend und blieb anders als im Niederländischen (aandacht für ‚Aufmerksamkeit') im Niederhochdeutschen erhalten. Gleichzeitig entwickelte sich aus diesem Gebrauch auch der allgemeinere Sinn als ‚Hingabe, innere Sammlung' heraus. Das Adjektiv andächtig steht für ‚ergriffen, versunken, hingebungsvoll', abgeleitet aus dem Althochdeutschen anathāhtīg im 11.

Jahrhundert, sowie dem Mittelhochdeutschen andæhtec ‚an etwas denkend, eingedenk, andächtig'.

Andacht bezeichnet im christlichen Sinn die geistliche Hinwendung (Devotio) zum dreieinigen Gott sowie die konkrete Form, in der sich diese geistliche Sammlung vollzieht. Vor allem in der römisch-katholischen Kirche sind Andachten, die eine bestimmte Gebetsform umrahmen, gebräuchlich. Beispiele dafür sind im Laufe des Kirchenjahres Kreuzwegandachten, Fastenandachten, Maiandachten oder Rosenkranzandachten. Eine Andacht steht oft am Beginn oder am Ende eines Tages („Ausklang"), als Jahresschlussandacht auch am Ende eines kalendarischen Jahres.

Hier, wie im evangelischen Christentum, gewinnen jedoch freiere Formen, bis hin zur Gesprächsandacht, an Bedeutung. Auch Kombinationen von vorgegebenen Gebetsformen und freie Ausgestaltungen sind möglich. Eine verbreitete Andachtsform ist die Meditation, bei der ein Wort, Bild oder Gegenstand zum Ausgangspunkt einer stillen Besinnung wird.

Andachten können sowohl von einzelnen Gläubigen als auch von Gruppen, in Kirchen wie auch außerhalb gehalten werden. Sie werden oft kasuell veranstaltet und können ebenso zum Beispiel in Schulen oder Krankenhäusern sowie dem Rundfunk erfolgen. Die Leitung einer Andacht ist nicht einem Geistlichen vorbehalten - auch innerhalb des Kirchengebäudes kann jeder vom Pfarrer der Gemeinde damit betraute Laie eine Andacht leiten.[11]

[11] https://de.wikipedia.org/wiki/Andacht

1.13 Angst

Angst ist ein Grundgefühl, welches sich in als bedrohlich empfundenen Situationen als Besorgnis und unlustbetonte Erregung äußert. Auslöser können dabei erwartete Bedrohungen etwa der körperlichen Unversehrtheit, der Selbstachtung oder des Selbstbildes sein. Krankhaft übersteigerte Angst wird als Angststörung bezeichnet.

Der Begriff Angst hat sich seit dem 8. Jahrhundert von indogermanisch *anghu „beengend" über althochdeutsch angust entwickelt. Er ist verwandt mit lateinisch angustus bzw. angustia für „Enge, Beengung, Bedrängnis" (siehe auch Angina) und angor „Würgen".

Das Wort „Angst" gibt es als Wortexport auch im Englischen, siehe German Angst. Es bedeutet so viel wie Existenzangst. Man spricht von „angst-ridden" (von Angst geritten). Vermutlich wurde das Wort 1849 von George Eliot eingeführt.

Begrifflich wird dabei die objektunbestimmte Angst (lateinisch angor) von der objektbezogenen Furcht (lateinisch timor) unterschieden.

Weiterhin lässt sich eine situationsbedingt entstehende Emotion Angst von der relativ stabilen Persönlichkeitseigenschaft Ängstlichkeit unterscheiden. Sie werden nach dem Angstmodell von Charles Spielberger seit 1966 auch als State-Angst und Trait-Angst bezeichnet.

Angst ist der Oberbegriff für eine Vielzahl von Gefühlsregungen, deren Gemeinsamkeit auf einer Verunsicherung des Gefühlslebens beruht. Der Psychoanalytiker Fritz Riemann unterscheidet in seinem verbreiteten Hauptwerk zur Angst zwischen dem „schizoiden", dem „depressiven", dem „zwanghaften" und dem „hysterischen" Persönlichkeitstypus. Als damit verbundene „Grundängste" des Menschen beschreibt er die „Angst vor Veränderung", die „Angst vor der Endgültigkeit", die „Angst vor Nähe" und die „Angst vor Selbstwerdung".

Obwohl als idealtypische Abstraktionen gedacht, haftet dieser Angstdeutung in der Tradition der Psychoanalyse bereits begrifflich unverkennbar eine Tendenz zum Krankhaften und damit zur Einseitigkeit an, die heute kritisch gesehen wird.

Die Erscheinungsformen der Angst reichen nach dem von dem Experimentalpsychologen Siegbert A. Warwitz aufgestellten Angst-Spektrum von einfachen „Unsicherheiten" (Beklommenheit, Scheu, Zaghaftigkeit ...) über die „Zwänge" (Esszwang, Kontrollzwang, Reinigungszwang etc.), die „Furchtformen" (Verletzungsfurcht, Versagensfurcht, Berührungsfurcht etc.), die „Phobien" (Akrophobie, Agoraphobie, Klaustrophobie ...), die „Paniken" (Angstanfall, Schockstarre, Katastrophenlähmung etc.) bis zu den „Psychosen" (Neurotische Ängste, Verfolgungswahn, Lebensangst ...). Dabei unterscheidet in der Regel nur der Fachpsychologe aus diagnostischen und therapeutischen Gründen differenzierter etwa zwischen Ängsten und Fürchten, beispielsweise zwischen einer diffusen allgemeinen Prüfungs-Angst und einer auf einen bestimmten Prüfer, ein fixierbares Fachgebiet oder eine definierbare Situation reduzierbare Prüfungs-Furcht.

Angst wird im nichtfachlichen Bereich auch häufig mit andersartigen Gefühlsregungen verwechselt oder vermischt, etwa mit der Scham (Wahrung des Intimbereichs), mit dem Misstrauen (Zweifel an einer ärztlichen Kompetenz) oder mit einer hochgradigen psychischen Anspannung bei der Bewältigung einer gefahrenträchtigen Situation (Wagniskonzentration).

Angst lässt sich nicht grundsätzlich als unangenehme, negative Gefühlsregung festlegen. Wesentlich abhängig vom Grad der individuellen Risikoerfahrung und der persönlichen Kompetenzeinschätzung, kann Angst auch als in hohem Maße lustvolle Erfahrung gesucht und erlebt werden, etwa in Form des Thrills. Die Kontrasterfahrung von aufregender Gefahrensituation und deren Bewältigung führt zu einer gewünschten Steigerung des Lebensgefühls. Der sogenannte Kick kann dabei als (erwarteter) Wendepunkt zwischen der Anspannung und Befreiung aus der Angstphase gesehen werden.

Als Steuerungsinstrumente gefahrenträchtigen Verhaltens und Warnimpulsgeber stellen die beherrschten nicht krankhaften Angstformen eine unverzichtbare Grundausstattung im Rahmen des funktionierenden Selbsterhaltungstriebs dar.

Ein Sonderphänomen im Angstkomplex stellt die sogenannte „Angst vor der Angst" (Phobophobie), auch Angstsensitivität genannt, dar, eine objektlose Angst vor den eigenen Angstsymptomen.[12]

1.14 Antagonismus

Als Antagonismus wird in der Physiologie die gegensinnige Wirkungsweise funktionell verknüpfter Struktur- und Wirkstoffpaare bezeichnet.

Als Beispiel für gegensinnige Strukturpaare in der Anatomie ist der Muskelantagonismus zu nennen. Es handelt sich hierbei um ein Beispiel des Antagonismus von Organen.

Als Beispiel für gegensinnige Wirkstoffpaare sind die jeweiligen Botenstoffe des sympathischen Nervensystems und des parasympathischen Nervensystems zu nennen. Es handelt sich hierbei um antagonistische Teilsysteme, sogenannte Gegenspieler innerhalb eines Organs – und zwar des Nervensystems.[13]

1.15 Anthropologie

Anthropologie (altgriechisch ἄνθρωπος (ánthrōpos) „Mensch", und -logie: Menschenkunde) ist die Wissenschaft

---

12 https://de.wikipedia.org/wiki/Angst

[13] https://de.wikipedia.org/wiki/Antagonismus_(Physiologie)

vom Menschen. Sie wird im deutschen Sprachraum und in vielen europäischen Ländern vor allem als Naturwissenschaft verstanden. Die naturwissenschaftliche oder Physische Anthropologie betrachtet den Menschen im Anschluss an die Evolutionstheorie von Charles Darwin als biologisches Wesen.

Dieser naturalistischen Betrachtung des Menschen stehen verschiedene andere Ansätze gegenüber, beispielsweise die philosophische Anthropologie. Hier wird der Mensch nicht nur als Objekt, sondern auch als Subjekt wissenschaftlich untersucht. Dabei geht es unter anderem um qualitative Eigenschaften wie die Personalität, die Entscheidungsfreiheit und die Möglichkeit zur Selbstbestimmung. In der deutschen Wissenschaftspolitik ist die Anthropologie als Kleines Fach eingestuft.

Die Bezeichnung Anthropologie geht zurück auf den deutschen Philosophen, Arzt und Theologen Magnus Hundt (1449–1519). Zu den ersten Dozenten für das Fach gehörte der Anatom und Physiologe Heinrich Palmatius Leveling, der die Anthropologie 1799 an der Ingolstädter Universität als Vorlesung anbot. Ein Lehrstuhl für „Allgemeine Naturgeschichte und Anthropologie" wurde 1826 in München eingerichtet. Auf den ersten eigenständigen Lehrstuhl Deutschlands für Anthropologie wurde am 1. August 1886 Johannes Ranke berufen, dem 1905 der Schweizer Rudolf Martin (1864–1925) folgte.[14]

[14] https://de.wikipedia.org/wiki/Anthropologie

1.16 Apathie

Mit Apathie (griechisch ἀπάθεια apátheia „Unempfindlichkeit") bezeichnet man in der Medizin die Teilnahmslosigkeit, mangelnde Erregbarkeit und Unempfindlichkeit gegenüber äußeren Reizen.

Apathie tritt vor allem bei fortgeschrittener Demenz auf. Die Häufigkeit ist bei den verschiedenen Demenzarten unterschiedlich: Sie beträgt bei Morbus Alzheimer 63%, bei vaskulärer Demenz 72%, bei Lewy-Body-Demenz 57% und bei frontotemporaler Demenz 92%.

Apathie kann auch bei manchen psychischen Krankheiten auftreten, etwa bei Autismus, Anorexia nervosa, Depressionen und Schizophrenie. Sie kommt ebenfalls als Symptom bei ausgeprägter Unterfunktion der Schilddrüse, Hospitalismus, Frontalhirnsyndrom und diversen Infektionskrankheiten vor, so tritt sie z.B. vor der rasenden Phase der Tollwut auf.
Häufig ist die Apathie mit anderen Symptomen verbunden, wie beispielsweise Appetitlosigkeit, Traurigkeit, Niedergeschlagenheit, Schlaflosigkeit (oder Schläfrigkeit) und Veränderungen der Urteilskraft.[15]

[15] https://de.wikipedia.org/wiki/Apathie

1.17 Aphorismus

Ein Aphorismus ist ein einzelner Gedanke, ein Urteil oder eine Lebensweisheit, welches aus nur einem Satz oder wenigen Sätzen selbständig bestehen kann. Oft formuliert er eine besondere Einsicht rhetorisch kunstreich als allgemeinen Sinnspruch (Sentenz, Maxime, Aperçu, Bonmot). Dagegen gelten geflügelte Worte und pointierte Zitate literaturwissenschaftlich nicht als Aphorismen.

Erst seit dem frühen 20. Jahrhundert wird der Aphorismus als eigenständige Prosagattung anerkannt und erforscht. Er gilt als widersprüchliche Textform mit folgenden Kerneigenschaften:

In der Tendenz eher nichtfiktional, ist er sowohl der Literatur als auch der Philosophie zuzuordnen.

Sein häufigstes Bauprinzip ist die Antithese, zum Beispiel: Das Leben ist kurz, die Kunst ist lang (Hippokrates), die oft auch noch polemisch zugespitzt wird.

Besonders wenn ein Sprachbild aufgegriffen und bildlich verlängert wird, führt die antithetische Wendung häufig zum Paradoxon, zum Beispiel, Mit dem Band, das ihre Herzen binden sollte, haben sie ihren Frieden stranguliert (Lichtenberg).

Virtuoser Umgang mit Bild- und Aspektwendungen ist oft auch ein Kennzeichen des Essays, des „großen Bruders" des Aphorismus. Der Übergang zwischen beiden ist fließend, eine Grenze für die Länge wird von der Literaturwissenschaft mehrheitlich abgelehnt.[16]

1.18 Armlevitation

Armlevitation bedeutet Schwebenlassen des Armes des Hypnotisanden (des Hypnotisierten) durch Suggestionen des Hypnotiseurs. Die Armlevitation ist eine sehr weit verbreitete und leicht zu erlernende Hypnosetechnik.

Bei der Armlevitation werden Leichtigkeits- und Schwebesuggestionen des Armes an den Hypnotisanden gegeben. In der Folge beginnt der Arm höher zu steigen, ohne dass der Hypnotisand ihn bewusst bewegt. Weil die Armlevitation entgegen der Schwerkraft erfolgt, hat sie einen hohen Beweischarakter auch für Hypnose- Skeptiker.

Die Armlevitation kann zur Hypnose- Einleitung und Vertiefung der Trance genutzt werden. Am Ende der Armlevitation kann man bei Hypnotisanden mit guter Trancefähigkeit bereits mit der eigentlichen hypnotischen Anwendung beginnen. Bei vielen Hypnotisanden hat man schon nach dieser einfachen Technik eine arbeitbare Trancetiefe erreicht.

Hypnose bedeutet Verminderung der Aktivität des logischen Denkens zugunsten einer vermehrten Aktivität und Ansprechbarkeit des Fühlens. Jede umgesetzte Suggestion

[16] https://de.wikipedia.org/wiki/Aphorismus

führt zu einer Verminderung des logischen Denkens und damit zu einer verstärkten Aufnahme und Umsetzung von weiteren Suggestionen.

Die bei der Armlevitation gegebenen Suggestionen führen dazu, dass über die Aufnahme und Umsetzung der Suggestionen die Hypnose in Gange kommt. Genaugenommen handelt es sich bei der Armlevitation um eine reine Suggestionshypnose, die als Starter genutzt wird, bis die Hypnose tief genug ist, um zuverlässig am Gefühl arbeiten zu können.[17]

1.19 Armkatalepsie

Unter Katalepsie versteht man das mühelose Verharren in passiv oder aktiv eingenommenen Körperhaltungen. Die Katalepsie stellt ein Trance-Phänomen dar, welches sich bei den meisten hypnotisierten Menschen von alleine, also ohne Gabe einer Suggestion einstellt. Im Rahmen einer Hypnosebehandlung kann die Katalepsie genutzt werden, um eine Hypnose herbeizuführen oder zu vertiefen. Der Hypnotiseur kann die Katalepsie suggerieren oder durch Berührung auslösen.

Sehr bekannt und weit verbreitet ist die Armkatalepsie, bei der der Arm des Hypnotisanden mühelos in der Luft schwebt und für einen langen Zeitraum wie schwerelos dort verharrt. Häufig wird die Armkatalepsie im Anschluss an eine

[17] http://www.armlevitation.de/

Armlevitation durchgeführt. Die Armkatalepsie wird regelmäßig im Rahmen von Zahnarzthypnose, therapeutischer Hypnose und auch bei der Bühnenhypnose eingesetzt.

Die kataleptische Brücke findet man ausschließlich bei der Showhypnose. Bei der kataleptischen Brücke wird dem Hypnotisanden suggeriert, dass sein ganzer Körper fest und steif sei wie ein Brett. Genau genommen handelt es sich hierbei nicht um eine Katalepsie, sondern um Suggestionen der Festigkeit und der Steife, die wortwörtlich durch extreme Muskelanspannung umgesetzt werden. Dann wird der Hypnotisand, dessen ganzer Körper sich nun in einem Zustand extremer Steife befindet, mit dem Kopf und den Füßen auf zwei Stühle gelegt, die sich entsprechend der Körperlänge voneinander entfernt befinden. Durch die Umsetzung der Suggestionen von Festigkeit und Steife kann der Hypnotisand nun wie ein Brett nur mit dem Hinterkopf und den Fersen auf den Stühlen liegen. Im normalen Wachzustand wäre es für einen Untrainierten kaum möglich, diesen Zustand auch nur wenige Sekunden zu halten. Die kataleptische Brücke ist insofern eine Demonstration, die zeigt, dass man mit Hypnose Körperfunktionen herstellen kann, die im Wachzustand unmöglich wären. Aufgrund der Verletzungsgefahr für den Hypnotisanden führen gewissenhafte Hypnotiseure die kataleptische Brücke jedoch nicht durch.

Bei der Suggestion von Katalepsie suggeriert man, dass beispielsweise der Arm bei Anheben von alleine in der Luft stehen bleibt. Suggeriert man, dass der Arm fest und steif ist und sich nicht mehr bewegen lässt, dann suggeriert man keine Katalepsie mehr, sondern eben Festigkeit und Steife.

Häufig wird dies als Katalepsie bezeichnet, obwohl dies nicht zutreffend ist.[18]

1.20 Arthrose

Der Begriff Arthrose (Syn. Arthrosis deformans – altgriech. ἄρθρον arthron ‚Gelenk' und lat. deformare ‚verstümmeln') bezeichnet nach einer nichtamtlichen Definition in Deutschland einen „Gelenkverschleiß", der das altersübliche Maß übersteigt.

Ursächlich werden ein Übermaß an Belastung (etwa erhöhtes Körpergewicht), angeborene oder traumatisch bedingte Ursachen wie Fehlstellungen der Gelenke oder auch knöcherne Deformierung durch Knochenerkrankungen wie Osteoporose gesehen. Die Arthrose kann ebenfalls als Folge einer anderen Erkrankung, beispielsweise einer Gelenkentzündung (Arthritis) entstehen (sekundäre Arthrose) oder mit überlastungsbedingter Ergussbildung (sekundäre Entzündungsreaktion) einhergehen (aktivierte Arthrose).

In der anglo-amerikanischen Fachliteratur wird die Arthrose als Osteoarthritis (OA) bezeichnet, nicht zu verwechseln mit der Rheumatoiden Arthritis (engl. Rheumatoid Arthritis, RA), einer chronisch entzündlichen Autoimmunerkrankung der Gelenke.

[18] http://www.hypnoseminar-ausbildung.de/hypnose-tipps.htm

Grundsätzlich können alle Gelenke von arthrotischen Veränderungen betroffen werden. In Deutschland ist die Erkrankung am häufigsten im Kniegelenk lokalisiert.

Arthrose ist einer der häufigsten Beratungsanlässe in einer allgemeinmedizinischen Praxis. In Deutschland leiden etwa fünf Millionen Menschen an einer Arthrose. Sie ist weltweit die häufigste Gelenkerkrankung (Arthropathie).[19]

1.21 Assoziation

Assoziation ist in der Psychologie, der Psychoanalyse und in der Lernpsychologie die Annahme, dass beim Lernen einfache, nicht reduzierbare Elemente (in der Regel Sinneseindrücke) unter bestimmten Bedingungen miteinander verknüpft werden können.

Der Begriff der Assoziation dient dabei zur Erklärung des Phänomens, dass zwei (oder mehr) ursprünglich isolierte psychische Inhalte (wie z.B. Wahrnehmungen, Gefühle oder Ideen), auch als Assoziationsglieder bezeichnet, eine so enge Verbindung eingehen, dass das Aufrufen eines Assoziationsgliedes das Auftreten eines oder mehrerer weiterer Assoziationsglieder nach sich zieht oder zumindest begünstigt. So werden zum Beispiel der Anblick einer Rose und der Duft einer Rose im Gedächtnis miteinander verbunden, da

[19] https://de.wikipedia.org/wiki/Arthrose

sie beim Lernen meist gemeinsam auftreten, während Zitronenduft vielleicht eher das Bild einer Spülmittelflasche aktiviert.

Nach den auf Aristoteles zurückgehenden primären Assoziationsgesetzen hängt die Assoziationsstärke zweier Reize ab von ihrer räumlichen und zeitlichen Nähe (Kontiguität), Gleichheit und Gegensätzlichkeit während des Lernens.

Thomas Brown (1778–1820) ergänzte diese Gesetze im 19. Jahrhundert mit seinen sekundären Assoziationsgesetzen, nach denen die Verbindungsstärke zweier Reize abhängig ist 1.) von ihrer jeweiligen Intensität, 2.) der Häufigkeit ihres gemeinsamen Auftretens, 3.) der Zeit, die seit dem letzten gemeinsamen Auftreten vergangen ist und 4.) der Anzahl mit dieser Verknüpfung konkurrierender Verknüpfungen.

Die Leistungen des Gedächtnisses beruhen nach der herrschenden Meinung auf eben solchen Assoziationsketten. Damit ergibt sich als eine unabdingbare Voraussetzung des menschlichen Gedächtnisses die Fähigkeit zur Assoziation. Bedeutsam ist dies vor allem in der Gedächtnis- und Lernforschung.

Assoziationslernen ist die Verknüpfung von Reizen. Am Beispiel von Pawlows Hund: Ein neutraler Reiz (z.B. Klingeln einer Glocke), der normalerweise mit einer unspezifischen Reaktion (evtl. Kopfdrehen zur Klangquelle) verknüpft ist, löst nun eine bestimmte (Speichelfluss), zuvor mit einem anderen Reiz (Anblick oder Geruch von Futter) verknüpfte Reaktion aus (Reiz-Substitution).

Das Assoziationslernen beinhaltet

- Kognitive Verknüpfungen (z.B. Signal lernen)
- Biologische Grundformen des Lernens (Habituation, Sensitivierung, Prägung)
- Konditionierung

Assoziation wird auch im Rahmen der technischen Mustererkennung als eine Eigenschaft von neuronalen Netzen genannt.[20]

1.22 Asthma

Das Asthma bronchiale (von griechisch ἆσθμα, ‚Atemnot', oft auch vereinfachend nur Asthma genannt) ist eine chronische, entzündliche Erkrankung der Atemwege mit dauerhaft bestehender Überempfindlichkeit. Bei entsprechend veranlagten Personen führt die Entzündung zu anfallsweiser Atemnot infolge einer Verengung der Atemwege – einer sogenannten Bronchialobstruktion (Definition des international consensus report).

Diese Atemwegsverengung wird durch vermehrte Sekretion von Schleim, Verkrampfung der Bronchialmuskulatur und Bildung von Ödemen der Bronchialschleimhaut verursacht, sie ist durch Behandlung rückbildungsfähig (reversibel).

[20] https://de.wikipedia.org/wiki/Assoziation_(Psychologie)

Eine Vielzahl von Reizen verursacht die Zunahme der Empfindlichkeit der Atemwege (bronchiale Hyperreaktivität oder auch Hyperreagibilität) und die damit verbundene Entzündung. Fünf Prozent der Erwachsenen und sieben bis zehn Prozent der Kinder leiden an Asthma bronchiale.[21]

1.23 Aszendent

Der Aszendent (lat. für ‚das Aufsteigende') ist ein Begriff aus der Astrologie. Er ist der Schnittpunkt des Osthorizonts mit der Ekliptik und bezeichnet den zum gegebenen Zeitpunkt und geografischen Ort am östlichen Horizont aufgehenden Grad des Tierkreises. Den gegenüberliegenden Grad am Westhorizont nennt man den Deszendenten (lat. descendere: ‚herabsteigen').

Der Aszendent ist der Anfang oder die Spitze des 1. Hauses des zwölfteiligen astrologischen Häuserkreises. Er gilt als ein wichtiger Faktor im Horoskop. Er soll anzeigen, wie der Mensch auf seine Mitwelt wirkt, wie er von ihr gesehen und wahrgenommen wird. Deswegen beschreibt er (unter Einbeziehung anderer Deutungselemente) nach Ansicht von Astrologen auch die Persönlichkeit. Er symbolisiert den Einfluss anderer auf das eigene Verhalten sowie die eigene Reaktion auf die Umwelt. Vom Aszendenten aus betrachtet lassen

[21] https://de.wikipedia.org/wiki/Asthma_bronchiale

sich Hinweise auf die Grundmotivation, mit der der Horoskopeigner ins Leben tritt, ermitteln.[22]

1.24 Ataraxie

Die Ataraxie (griechisch ἀταραξία ataraxía „Unerschütterlichkeit", auch Ataraxis, von a-tárachos „unerschütterlich") ist die Bezeichnung der Epikureer und Pyrrhoneer für das Ideal der Seelenruhe. Sie bezeichnet als seelischen Zustand die Affektlosigkeit und die emotionale Gelassenheit gegenüber Schicksalsschlägen und ähnlichen Außeneinwirkungen, die das Glück des Weisen, die Eudaimonie, gefährden.

Das höchste Ziel (télos oder summum bonum) menschlichen Daseins besteht laut der Ethik Epikurs in der gelassenen Lust (hedoné oder voluptas). Diese besteht aber nicht, wie etwa in der tatsächlich „hedonistischen" Ethik der Kyrenaiker, in körperlichen Genüssen, sondern gerade in der von Übermaßen der Lust wie des Leides freien Ataraxie des Weisen, da sowohl positive als auch negative Emotionen die Seele erschüttern, aus dem Gleichgewicht reißen und so Leid verursachen. So muss sich der Weise sowohl von äußeren als auch inneren Einflüssen, die seine Seelenruhe (Ataraxie oder tranquillitas animi) bedrohen, von Begierde, Lüsten, Trauer und Furcht befreien und so zur innerlichen Autarkie gelangen.

[22] https://de.wikipedia.org/wiki/Aszendent_(Astrologie)

Die Stoa verschmolz ihren Begriff der Apathie mit dem Konzept der Ataraxie. Der lateinische Ausdruck tranquilitas animi bei Cicero und Seneca erfasst sowohl die Apathie wie die Ataraxie.[23]

1.25 Ausgleich

Über die Bindung hinaus lässt sich beobachten, dass in Familien ein Bedürfnis nach Ausgleich zwischen Gewinn und Verlust besteht, das mehrere Generationen umspannt. Hat jemand einen Gewinn auf Kosten anderer erzielt, bezahlt er damit an anderer Stelle mit einem Verlust und gleicht aus. Hat einer einem anderen Schlimmes angetan, bezahlt meist nicht er selbst, sondern einer seiner Nachfahren gleicht stellvertretend für ihn den Verlust des Opfers aus, oft ohne dass es ihm bewusst ist.

Auf diese Weise werden oft Spätere in den Dienst genommen und sind mit dem Schicksal Früherer ungut verstrickt. Dann bezahlen die Unschuldigen den Preis für die Schuldigen. Die Familienseele versucht auf diese Weise, jedem Mitglied zu seinem Recht zu verhelfen. Wurde einem Früheren Unrecht getan, gleicht oft ein Späterer dafür aus und leidet. In der Wirkung ist also die Familienseele gerecht in Bezug auf die Früheren und in höchstem Maße ungerecht in Bezug auf die Späteren.

[23] https://de.wikipedia.org/wiki/Ataraxie

Wurde zum Beispiel eine behinderte Tante im Familiensystem ausgeklammert, weil sie verrückt wurde und in einer Psychiatrie endete und man sich deshalb ihrer schämte, so gleicht dies später oft ein Kind aus und ahmt - einem unbewussten Weg folgend - das Leben der Tante nach. Auf diese Weise versucht die Familienseele scheinbar, durch Spätere das Unrecht an den Früheren durch Wiederholung wiedergutzumachen und der Tante so doch noch zu ihrem Recht zu verhelfen.

Geben und Nehmen in Beziehungen auf Augenhöhe werden stark begleitet von dem Wunsch nach Ausgleich. Gibt uns jemand etwas, haben wir automatisch den Wunsch, ihm auch etwas zu geben. Wir haben das Gefühl, in seiner Schuld zu stehen. Geben geht daher mit einem Gefühl der Unschuld und des Anspruchs einher. Nehmen hingegen mit einem Gefühl der Schuld und der Verpflichtung.

Einer, der nur gibt und nicht nehmen will, möchte für sich das gute Gefühl der Unschuld und die Überlegenheit des Anspruchs aufrecht erhalten. Er verhält sich damit beziehungsfeindlich, denn er versucht, die Anderen klein zu halten. Von so jemandem wollen die Anderen bald nichts mehr nehmen.

Es gibt auch einen Ausgleich im Guten und im Schlechten. Gibt uns jemand etwas Gutes und wir geben ihm gleich viel zurück, so hat ein Ausgleich stattgefunden und die Beziehung ist ausgeglichen. Wir sind miteinander im Reinen, doch ist die Beziehung in Bezug auf den Ausgleich von Geben und Nehmen damit beendet. Wollen wir der Beziehung genüge tun, geben wir ein klein bisschen mehr zurück, als wir erhalten haben. Nun kann der andere dieses Gefälle seinerseits wieder ausgleichen. Auf diese Weise trägt der Ausgleich von Geben und Nehmen zur Bindung bei.

Beim Ausgleich im Schlechten verhält es sich ähnlich, nur andersherum. Tut uns jemand etwas an und wir tun ihm als Ausgleich etwas Vergleichbares an, ist dem Ausgleich genüge getan und die Beziehung auf dieser Ebene beendet. Liegt uns jedoch etwas an der Beziehung, tun wir dem anderen im Ausgleich ein bisschen weniger an, als er uns angetan hat. Auf diese Weise sind sowohl der Ausgleich als auch die Bindung berücksichtigt. Diese Art des Ausgleichs im Schlechten ist also "beziehungsfreundlich".

Man ist beim Ausgleich im Schlechten leicht geneigt zu glauben, dem Anderen zu verzeihen wäre der Beziehung besonders dienlich. Doch dies sieht nur so aus. Die Erfahrung zeigt, dass es in Wirklichkeit ganz anders wirkt. Tut uns jemand etwas Schlimmes an und wir verzeihen ihm einfach so leichtfertig, nehmen wir dem Anderen jegliche Chance je wieder ebenbürtig zu werden in der Beziehung. Die Lösung wäre hier, vom Partner etwas zu fordern, das ihn ähnlich viel kostet, wie seine Tat uns gekostet hat, um der Liebe wegen jedoch ein kleines bisschen weniger zu verlangen. So ist dem Ausgleich und der Liebe genüge getan und eine weitere Beziehung auf Augenhöhe möglich.

Zwischen Eltern und Kindern herrscht ein unüberwindbares Gefälle von Geben und Nehmen. Eltern geben ihren Kindern auf zweierlei Weise. Zum einen geben sie ihnen das Leben und zum anderen - in den meisten Fällen zumindest - das was sie zum Gedeihen brauchen. Letzteres ist nicht immer gegeben, ersteres ist bei jedem Menschen gegeben, sonst wäre er nicht am Leben. Die Weitergabe des Lebens durch die Eltern erzeugt ein so großes Gefälle, dass die Kinder ihren Eltern gegenüber nie ausgleichen können. Egal, wie schlecht sich die Eltern auch sonst im Leben ihren Kindern gegenüber verhalten haben. Das Leben, das die Eltern geben, kommt dabei nicht von ihnen selbst, sondern durch sie hindurch.

Und die Eltern geben sich ihren Kindern so wie sie sind. Sie können dem weder etwas hinzufügen, noch weglassen. Die Kinder können ihren Eltern in der Beziehung also nie ebenbürtig werden. Aus diesem Grund ist die Bindung an unsere Eltern auch so stark. Die Lösung ist, dass die Kinder das, was sie von den Eltern bekommen haben, selbst an andere weitergeben. Der natürliche Weg ist, es an die eigenen Kinder weiterzugeben. Geht dies nicht oder entscheidet sich jemand, keine Kinder zu bekommen, gibt er oft, indem er anderen Hilfsbedürftigen gibt. Dann engagiert er sich z.B. ehrenamtlich, gründet eine Hilfsorganisation oder ähnliches.

Wenn kein Ausgleich möglich ist, bleibt schließlich der Dank als gemäße Antwort. Dabei geht es nicht um das Wort Danke, das meist nur billiger Ersatz für echten Dank ist, sondern um die innere Haltung der Wertschätzung.[24]

---

[24] http://www.andreas-gauger.de/coaching-nlp-lexikon/systemische-gesetze.html

1.26 Autoaggression

Mit selbstverletzendem Verhalten (SVV) oder autoaggressivem Verhalten oder auch Artefakthandlung beschreibt man eine ganze Reihe von Verhaltensweisen, bei denen sich betroffene Menschen absichtlich Verletzungen oder Wunden zufügen.

Eine psychologische Erklärung besagt, dass eine Störung des Körperschemas vorliegt. SVV kann auch der Selbstbestrafung dienen. Dieses Verhalten geht weit über andere Formen der Selbstschädigung wie etwa die Verkürzung der eigenen Lebenserwartung durch intensives jahrelanges Rauchen hinaus.

Selbstverletzendes Verhalten kann unter anderem auftreten bei: Borderline-Persönlichkeitsstörung (siehe auch Parasuizid), fetalem Alkoholsyndrom, Lesch-Nyhan-Syndrom, Depressionen, Essstörungen wie Anorexia nervosa oder Bulimie, Adipositas, Missbrauchserfahrungen, Deprivationen (Entzug von Zuwendung und „Nestwärme"), Traumatisierungen, während der Pubertät, Kontrollverlust, Körperschema-Störungen (Body Integrity Identity Disorder), Zwangsstörungen (OCD: Obsessive-Compulsive Disorder), schweren Zurücksetzungen und Demütigungen, psychotischen oder schizophrenen Schüben und ähnlichen seelischen Störungen. Stereotype Verhaltensweisen mit Selbstschädigung werden nicht im eigentlichen Sinne zu SVV selbstverletzendem Verhalten gezählt.

Obgleich SVV keinen suizidalen Aspekt hat (gilt nicht zwangsläufig für ICD-10-Klassifizierungen von vorsätzlicher Selbstbeschädigung), sondern meist der Regulation von (negativen) Gefühlen dient, geht SVV bei etwa einem Drittel der Betroffenen direkt mit Suizidalität einher - in solchen Fällen kann davon ausgegangen werden, dass die Selbstverletzungen auch direkt der Regulation der Suizidgedanken dienen - und etwa 10 % der Betroffenen begehen früher oder später tatsächlich Suizid.[25]

1.27 Autoimmunreaktion

Als Autoimmunreaktion oder Autoimmunität bezeichnet man eine krankhafte Reaktion des Immunsystem gegenüber körpereigenem Gewebe.

Das Immunsystem ist so aufgebaut, dass es praktisch gegen jede beliebige Kombination von Eiweißen aktiv werden kann. Da der Mensch selbst aber auch aus Eiweißen besteht, kann das Immunsystem prinzipiell auch den eigenen Körper angreifen. Um das zu verhindern, werden die Abwehrzellen im Lymphsystem (Thymus, Knochenmark, Lymphknoten, Milz, Mandeln) zu Zellen mit unterschiedlicher Funktion und Gestalt "ausgebildet". Abwehrzellen, die gegen den eigenen Körper gerichtet sind, werden dort aussortiert. Diese Fähigkeit des Immunsystems nennt sich Immuntoleranz.

[25] https://de.wikipedia.org/wiki/Selbstverletzendes_Verhalten

Im Laufe eines Lebens kann bei einigen Menschen die Immuntoleranz verloren gehen, oder sie ist geschwächt. Dann entwickelt das Immunsystem Antikörper gegen das eigene Körpergewebe, z.B. in Muskeln, Nerven oder der Schilddrüse. Diese Antikörper werden auch Autoantikörper genannt.[26]

1.28 Autosuggestion

Autosuggestion (griechisch-lateinisch: Selbstbeeinflussung) ist der Prozess, durch den eine Person ihr Unbewusstes trainiert, an etwas zu glauben. Dies wird erreicht durch Selbsthypnose oder wiederholte Selbst-Affirmationen und kann als eine selbstinduzierte Beeinflussung der Psyche angesehen werden.

Die Wirksamkeit der autosuggestiven Gedankenformeln kann durch mentale Visualisierungen (Imagination) des angestrebten Ziels erhöht werden. Der Erfolg der Autosuggestion wird umso wahrscheinlicher, je konsistenter und länger (bzw. öfter) sie angewendet wird.

Bei der Autosuggestion wird derselbe formelhaft umrissene Gedanke über längere Zeit in Form mentaler Übungen wiederholt, bis er zum festen Bestandteil des unbewussten Denkprozesses geworden ist. Dies geschieht oft in Kombination mit Entspannungstechniken.

[26] https://de.wikipedia.org/wiki/Autoimmunreaktion

Je nach weltanschaulichem Hintergrund wird erwartet, dass sich dieser Gedanke in Überzeugungen oder Tatsachen verwandelt. Dieser Prozess kann sowohl absichtlich wie auch unabsichtlich erfolgen, obwohl Autosuggestion üblicherweise die bewusste Anwendung bedeutet.

Typische Wege, den eigenen Geist durch Autosuggestion zu beeinflussen, sind: sich die Auswirkungen einer Überzeugung bildlich vorzustellen, sie verbal zu bekräftigen oder sie mental durch permanente Wiederholung zu vergegenwärtigen (innerer Sprechgesang).

Die Lehre der Autosuggestion wurde von dem französischen Apotheker Émile Coué im 19. Jahrhundert begründet. Er bemerkte, dass die Wirkung der Medikamente, die er seinen Kunden gab, davon beeinflusst wurde, mit welchen Worten er sie ihnen überreichte. Aus dieser Beobachtung entwickelte er den Gedanken, dass jeder Mensch sein Wohlbefinden steigern könne, indem er sich selbst Suggestionsformeln vorsagt.

Zu den Anwendungsgebieten der Autosuggestion zählen unter anderem das autogene Training, das mentale Training und das positive Denken. Autosuggestionen sind auch Bestandteil esoterischer und okkulter Verfahren.[27]

[27] https://de.wikipedia.org/wiki/Autosuggestion

2 Buchstabe B

2.1 Bedürfniskonflikt

Von einem Konflikt (von lateinisch confligere, „zusammentreffen, kämpfen"; PPP: conflictum) spricht man, wenn Interessen, Zielsetzungen oder Wertvorstellungen von Personen, gesellschaftlichen Gruppen, Organisationen oder Staaten miteinander unvereinbar sind oder unvereinbar erscheinen (Intergruppenkonflikt). Dabei lässt sich zwischen der Konfliktstruktur, den Konflikt begleitenden Gefühlen (z. B. Wut) und dem konkreten Konfliktverhalten (z. B. tätliche Aggression) unterscheiden.

Die Konfliktforschung untersucht die Entstehung und den Verlauf von Konflikten und entwickelt Lösungsstrategien, um das Handeln in Konflikten zu verändern, um erwünschte Entwicklungen zu fördern und unerwünschte zu begrenzen.

Haben verschiedene Personen unterschiedliche Bedürfnisse und sind selbst in der Erfüllung dieser Bedürfnisse betroffen, dann entsteht ein Bedürfniskonflikt.[28]

2.2 Bewusstsein

Bewusstsein (lateinisch conscientia „Mitwissen" und altgriechisch συνείδησις syneídēsis „Miterscheinung", „Mitbild", „Mitwissen", συναίσθησις synaísthēsis „Mitwahrnehmung", „Mitempfindung" und φρόνησις phrónēsis von φρονεῖν

[28] https://de.wikipedia.org/wiki/Konflikt

phronein „bei Sinnen sein, denken“) ist im weitesten Sinne das Erleben mentaler Zustände und Prozesse. Eine allgemein gültige Definition des Begriffes ist aufgrund seines unterschiedlichen Gebrauchs mit verschiedenen Bedeutungen schwer möglich. Die naturwissenschaftliche Forschung beschäftigt sich mit definierbaren Eigenschaften bewussten Erlebens.

Das Wort „Bewusstsein“ wurde von Christian Wolff als Lehnübersetzung des lateinischen conscientia geprägt. Das lateinische Wort hatte ursprünglich eher Gewissen bedeutet und war zuerst von René Descartes in einem allgemeineren Sinn gebraucht worden.

Der Begriff „Bewusstsein“ hat im Sprachgebrauch eine sehr vielfältige Bedeutung, die sich teilweise mit den Bedeutungen von „Geist“ und „Seele“ überschneidet. Im Gegensatz zu diesen Begriffen ist „Bewusstsein“ jedoch weniger von theologischen und dualistisch-metaphysischen Gedanken bestimmt, weswegen er auch in den Naturwissenschaften verwendet wird.

Man unterscheidet heute in der Philosophie und Naturwissenschaft verschiedene Aspekte und Entwicklungsstufen:

- Bewusstsein als „belebt-sein“ oder als „beseelt-sein“ in verschiedenen Religionen oder als die unbegrenzte Wirklichkeit in mystischen Strömungen.

- Bei Bewusstsein sein: Hier ist der wachbewusste Zustand von Lebewesen gemeint, der sich unter anderem vom Schlaf-zustand, der Bewusstlosigkeit und anderen Bewusstseinszuständen abgrenzt. In diesem Sinn lässt sich Bewusstsein empirisch und objektiv beschreiben und teilweise eingrenzen. Viele wissenschaftliche Forschungen setzten hier an; insbesondere mit der Fragestellung, auf welche Weise Gehirn und Bewusstsein zusammenhängen.

- Bewusstsein als phänomenales Bewusstsein: Ein Lebewesen, das phänomenales Bewusstsein besitzt, nimmt nicht nur Reize auf, sondern erlebt sie auch. In diesem Sinne hat man phänomenales Bewusstsein, wenn man etwa Schmerzen hat, sich freut, Farben wahrnimmt oder friert. Im Allgemeinen wird angenommen, dass Tiere mit hinreichend komplexer Gehirnstruktur ein solches Bewusstsein haben. Phänomenales Bewusstsein wurde in der Philosophie des Geistes als Qualiaproblem thematisiert.

- Zugriffsbewusstsein: Ein Lebewesen, das Zugriffsbewusstsein besitzt, hat Kontrolle über seine Gedanken, kann Entscheidungen treffen und koordiniert handeln.

- Bewusstsein als gedankliches Bewusstsein: Ein Lebewesen, das gedankliches Bewusstsein besitzt, hat Gedanken. Wer also etwa denkt, sich erinnert, plant und erwartet, dass etwas der Fall ist, hat ein solches Bewusstsein. In der Philosophie des Geistes wurde es als Intentionalitätsproblem thematisiert.

- Bewusstsein des Selbst: Selbstbewusstsein in diesem Sinne haben Lebewesen, die nicht nur phänomenales und gedankliches Bewusstsein haben, sondern auch wissen, dass sie ein solches Bewusstsein haben.

- Individualitätsbewusstsein besitzt, wer sich seiner selbst und darüber hinaus seiner Einzigartigkeit als Lebewesen bewusst ist und die Andersartigkeit anderer Lebewesen wahrnimmt. Man trifft es beim Menschen und andeutungsweise im Verhalten einiger anderer Säugetierarten an.

Die Verwendung des Begriffes Bewusstsein ist in der Regel auf eine dieser Bedeutungen und damit auf eine Eingrenzung angewiesen. Auch drücken sich in den verschiedenen Verwendungsweisen oft unterschiedliche Weltanschauungen aus.[29]

2.3 Bindung

Wenn Mann und Frau sich gegenseitig im vollen Sinn als Mann und Frau nehmen, entsteht durch den Vollzug ihrer Liebe eine Bindung. Diese Bindung ist unauflöslich. Das hat nichts zu tun mit der kirchlichen Morallehre von der Unauflöslichkeit der Ehe. Der Vollzug der Liebe schafft eine Bindung unabhängig von der Ehe und unabhängig von irgendwelchen äußeren Riten.

---

[29] https://de.wikipedia.org/wiki/Bewusstsein

Dass es eine solche Bindung gibt, sieht man an der Wirkung. Wer sich zum Beispiel vom Partner, mit dem er durch den Vollzug der Liebe verbunden war, leichtfertig trennt, wird einen anderen Partner in einer zweiten Beziehung in der Regel nicht halten können. Denn der zweite Partner spürt die Bindung an den ersten und traut sich dann nicht, ihn voll zu nehmen. Wenn ein Mann eine Frau sitzen lässt und wieder heiratet, mag sich die zweite Frau vielleicht für besser halten und sagen: "Jetzt habe ich ihn für mich." Sie wird ihn aber verlieren. Wenn sie triumphiert, wird sie ihn verlieren. Dadurch anerkennt sie seine Bindung an die erste Frau.

Und sie wird den Mann nicht voll nehmen. Bei Familienaufstellungen kann man sehen, dass eine zweite Frau etwas vom Mann abrückt. Sie traut sich nicht, sich nah zu ihm zu stellen, weil es nicht die erste Bindung ist, sondern die zweite.

Die Tiefe der Bindung kann man ablesen an der Wirkung. Die Trennung von der ersten Liebe gelingt am schwersten. Sie tut am meisten weh. Wenn eine zweite Bindung auseinandergeht, ist der Schmerz geringer. Bei der dritten ist er noch geringer.

Bindung ist aber nicht dasselbe wie Liebe. Die Liebe kann gering sein und die Bindung tief. Umgekehrt kann die Liebe tief sein und die Bindung gering. Die Bindung entsteht durch den sexuellen Vollzug. Deswegen entsteht sie auch beim Inzest und bei einer Vergewaltigung. Damit später eine neue Bindung möglich wird, muss die erste auf gute Weise gelöst werden. Sie wird gelöst, wenn sie anerkannt wird und der

Partner aus der ersten Bindung gewürdigt wird. Wer die erste Bindung verteufelt, verhindert die nächste Bindung.[30]

2.4 Biofeedback

Mit dem Begriff Biofeedback (altgriechisch βίος bios „Leben" und englisch feedback „Rückmeldung") wird eine Methode bezeichnet, bei der Veränderungen von Zustandsgrößen biologischer Vorgänge, die der unmittelbaren Sinneswahrnehmung nicht zugänglich sind, mit technischen, oft elektronischen, Hilfsmitteln beobachtbar, d.h. dem eigenen Bewusstsein zugänglich gemacht werden.

Biofeedback weist eine inhaltliche Nähe zu verhaltenstherapeutischen und lerntheoretischen Ansätzen auf. Die Einsatzmöglichkeiten der Behandlungstechnik sind vielfältig. Über kurative Ansätze hinaus findet Biofeedback auch Anwendung im Bereich des Peak-Performance-Trainings (Mentaltraining im Spitzensport) und des Coachings. Es wird häufig zur Entspannung, aber auch zur Rehabilitation, zum Beispiel von erlahmten Muskeln, eingesetzt. Biofeedback hat nichts mit Bioresonanztherapie zu tun.

Körpereigene innerliche Regulationsvorgänge sind dem Bewusstsein häufig nicht direkt zugänglich, so dass bei Imbalancen (Ungleichgewichten) auch nicht bewusst auf den Regelkreis eingewirkt werden kann. Biofeedback dient dazu,

---

[30] http://www2.hellinger.com/home/archiv/textmaterial/grundlagen/ordnungen-der-liebe/wie-liebe-gelingt/

mittels physiologischer Messungen eine Körperfunktion (wie zum Beispiel Puls, Hautleitwert oder Hirnströme) dem Bewusstsein zugänglich zu machen. Dies geschieht im Allgemeinen durch Töne (Lautstärke, Tonhöhe oder Klangfarbe) oder Visualisierungen (z.B. Zeiger oder Balkengraphiken). Der Patient versucht aufgrund dieser Rückkopplung eine Verbesserung der Regulation durch operante Kontrolle zu erzielen.

Die technische Ausführung reicht von tragbaren kleinen Geräten, die häufig nur einen Parameter erfassen und rückmelden, über Vaginal- und Rektalelektroden bis hin zu Mehrkanalgeräten, die mehrere Signale gleichzeitig hochfrequent aufzeichnen. Teilweise erfolgt die Übertragung kabellos mittels Bluetooth-Technik, so dass der Proband/Patient sich während der Therapie ungehindert bewegen kann.

Für viele der Anwendungen gilt, dass nicht unbedingt ein offensichtlicher Zusammenhang zwischen dem „Organ" der Erkrankung und dem für die Therapie gewählten Messwert bestehen muss; so wird etwa für das Biofeedback bei Depressionen häufig die Herzratenvariabilität als Istwert genutzt.[31]

2.5 Biophotonen

In der Biophysik und Alternativmedizin wird von wenigen Autoren der Begriff „Biophotonen" (gr. βίος Leben, gr. φως

[31] https://de.wikipedia.org/wiki/Biofeedback

Licht) für das Phänomen der ultraschwachen Photonenemission (UPE) in der Biologie verwendet. Die hier gemeinte Strahlung unterscheidet sich von der Biolumineszenz durch ihre um mehrere Größenordnungen geringere Intensität und sehr geringe Quantenausbeute. Interpretationen der Strahlung sind wissenschaftlich umstritten.

In den 1920er Jahren gelangte der russische Biologe Alexander Gurwitsch nach Experimenten mit keimenden Zwiebeln zu der Auffassung, dass lebende Zellen eine sehr schwache Lichtstrahlung abgeben. Er nannte sie „mitogenetische Strahlung", und zwar aufgrund seiner Vermutung, dass diese Strahlung die Zellteilung (Mitose) auslösen könne.

Wegen der aufkommenden Biochemie, die Zellprozesse als Folgen von biochemischen Signalketten beschreibt, wurde diese Vermutung nicht weiter untersucht. Die Quelle dieser „dunklen Lumineszenz" wurde, soweit man die Existenz überhaupt anerkannte, auf spontane Unvollkommenheiten des Zellstoffwechsels (z.B. Oxidations- und Radikalreaktionen) zurückgeführt. Eine biologische Bedeutung wurde bezweifelt.

Hauptwidersacher von Gurwitschs Thesen war der Biochemiker Alexander Holländer. Er und andere Wissenschaftler waren der Meinung, dass die Entdeckung solange zweifelhaft bliebe, bis die Strahlung objektiv gemessen sei.

1954 gaben die italienischen Astronomen Colli und Facchini an, mit einem großflächigen Photomultiplier im Single-Photon-Counting-Modus eine schwache, konstante Lichtemission von lebendem Pflanzenmaterial gefunden zu haben. 1967 konstatieren Metcalf und Quickenden in einem Review, dass die Forschung in Großbritannien und den USA nach intensiven, aber negativen Studien eingestellt worden sei.

In den 1970er Jahren wies der deutsche Physiker Fritz-Albert Popp erneut Photonenstrahlung aus biologischem Gewebe nach. Um eine Verwechslung mit der z.B. von Leuchtkäfern bekannten und offen sichtbaren Biolumineszenz auszuschließen, nannte er die ultraschwache biologische Strahlung „Emission von Biophotonen".

Popp vermaß das Spektrum dieser Strahlung und fand Wellenlängen zwischen 200 und 800 nm mit einer kontinuierlichen Verteilung, also ungefähr im Bereich des sichtbaren Lichts (380 bis 710 nm). Allerdings betrugen die gemessenen Intensitäten nur wenige bis einige hundert Quanten pro Sekunde und pro Quadratzentimeter Oberfläche. Popp vermutete, dass diese schwache Strahlung trotzdem, wie bei Laserlicht, kohärent ist. Zur Hypothese der Kohärenz liegen bislang theoretische und experimentelle Studien vor.

Allgemein bildet die Untersuchung schwacher, von Lebewesen oder biologischem Material ausgesandter elektromagnetischer Strahlung einen Teilbereich der Biophotonik. Dieser Begriff beschreibt im heutigen Sprachgebrauch ganz allgemein die Verbindung von Biologie und Photonik, also unter anderem alle Arten von medizinischen Untersuchungs- und Heilungsmethoden und Bildgebungsverfahren auf optischer Basis.

Alle Objekte, ob biologisch oder nicht, emittieren Wärmestrahlung, abhängig von ihrer Temperatur. Diese Strahlung wurde bei den oben erwähnten Messungen berücksichtigt und subtrahiert. Da die betrachteten Zellen keine speziellen Leuchtstoffe (Luciferine o. Ä.) beinhalten, gehört die untersuchte Strahlung nicht zur klassischen Biolumineszenz, die ein Vielfaches intensiver als die gemessene „Biophotonenstrahlung" ist.

Die schwache, über die Schwarzkörperstrahlung hinausgehende Emission wird laut Popp möglicherweise vom Zustand der Zellen mitbestimmt. Nach vorherrschender Meinung beruht die Emission von Photonen auf den bekannten chemischen Reaktionen im Rahmen des Stoffwechsels, z.B. des oxidativen Metabolismus. Ungeklärt ist, ob Lichtquanten in Zellen stehende Wellen ausbilden können, die in Wechselwirkung mit den Zellorganellen treten, um Stoffwechselfunktionen zu beeinflussen.[32]

2.6 Bioenergetische Analyse

Die bioenergetische Analyse ist ein körperpsychotherapeutisches Verfahren, das der US-amerikanische Arzt Alexander Lowen ab 1947 entwickelte. Lowen war Patient und später Schüler von Wilhelm Reich.

---

[32] https://de.wikipedia.org/wiki/Biophoton

Die Bioenergetische Analyse beruht auf Bestandteilen der Psychoanalyse von Sigmund Freud und der Charakteranalyse Wilhelm Reichs (1933), sowie auf Lowens eigenen Beobachtungen und Weiterentwicklungen. Reich geht in seiner „Charakteranalyse" bei der Differenzierung von Charaktertypen (der Begriff „Charakter" ist heute weitgehend identisch mit dem Begriff der Persönlichkeit) von der Voraussetzung aus, dass der Charakter seiner Grundfunktion nach in jeder Form Panzerungen gegen die Reize der Außenwelt und die inneren verdrängten Triebe darstellt. Die äußere Form aber, in der diese Panzerung sichtbar wird, sei jeweils historisch bestimmt. Reich und in seiner Nachfolge auch Lowen entwickelten Konzepte und Verfahren, um die körperlichen Analogien seelischer Vorgänge („Haltungen") sowohl diagnostisch als auch therapeutisch nutzbar machen zu können.

Die von Lowen vorgelegten Beschreibungen von Charakterstrukturen sind ein Ansatz, emotionale Einstellungen und die korrespondierenden körperlichen Spannungsmuster im Begriff der „Haltung" zu erfassen und zu verstehen. In diesem Sinne stellen Charakterstrukturen Bewältigungsformen und Sicherungssysteme dar, die das Individuum notgedrungen zur Wahrung der eigenen Integrität im Spannungsfeld der eigenen Bedürfnisse und den Reaktionen seiner Umwelt bzw. seines Bezugssystems entwickelt. Auf der körperlichen Ebene beinhaltet dies im Kern die Einschränkung der Lebendigkeit in Form von chronischen Verspannungen, die den Atem und die Beweglichkeit beeinträchtigen.

Basis der Bioenergetischen Analyse ist das psychoanalytische Widerstands- und Übertragungsmodell (tiefenpsychologischer Ansatz). Wie in der Psychoanalyse wird ein begleiteter und unterstützter Bewusstwerdungsprozess als „heilsam" verstanden, wobei dem körperlichen Bewegen, Fühlen und Wahrnehmen als Basis der emotionalen Bewegung eine zentrale Rolle zukommt. Die Phänomene wie Haltung, muskuläre (Ver-)Spannung, Gefühlsausdruck in der körperlichen Bewegung, Atmungsmuster in Bezug auf ihre Funktion und Entstehung in der Kindheit und inneres seelisches Erleben wurden von Lowen in fünf Charakterstruktur-Typen unterteilt.

Die Charakterstrukturen zeichnen sich durch

- typische Verhaltensweisen
- typisches inneres seelisches Erleben
- charakteristische körperliche Haltungsmuster aus

Aufbauend auf den Konzepten von Reich und seinen eigenen klinischen Erfahrungen entwickelte Lowen seine Typologie der Charakterstrukturen. Die Charakterstrukturen der bioenergetischen Analyse sind nicht immer deckungsgleich mit den Persönlichkeitsstrukturen anderer zeitgenössischer psychologischer Klassifikationen. Sie sind ergänzt durch charakteristische leibliche Muster.

Im Folgenden werden diese idealtypischen Strukturen dargestellt. Der konkrete Patient wird niemals identisch mit diesen Strukturen sein. Sie können aber dem Therapeuten im therapeutischen Prozess als eine diagnostische und therapeutische Orientierungslinie dienen:

Schizoide Charakterstruktur: Die schizoide Charakterstruktur kennzeichnet nach Lowen eine Tendenz zur Spaltung der ganzheitlichen Funktion der Persönlichkeit – z. B. durch die Neigung, Denken und Fühlen zu trennen. Was der Schizoide denkt, scheint häufig keinen Zusammenhang damit zu haben, was er fühlt, oder wie er sich verhält. Der Schizoide zieht sich nach innen (insbesondere in den Kopf und ins Denken) zurück, was mit einer Unterbrechung oder einem Verlust des Kontaktes zur Außenwelt oder zur Realität einhergeht. Die schizoide Persönlichkeit verfügt nur über ein begrenztes Selbst-Gefühl, ein schwaches Ich und einen deutlich reduzierten Kontakt zum Körper und dessen Gefühlen. Schizoide haben eine schwache Ich-Abgrenzung, sind dementsprechend (über)empfindlich und meiden gefühlsbetonte Beziehungen.

Orale Charakterstruktur: Menschen mit einer oralen Struktur weisen nach Lowen viele Merkmale der oralen Lebensphase (Babyalter) auf: Mangelnde Selbständigkeit, Neigung zum Anklammern an andere, verminderte Aggressivität und die Erwartung, von anderen gehalten, gestützt und behütet zu werden. Orale Menschen leiden unter innerer Leere und haben starke Sehnsuchtsgefühle. Sie leiden oft unter starken Schwankungen der Stimmungslage. In der kompensierten

Form verhalten sich diese Menschen übertrieben selbständig.

Psychopathische Charakterstruktur: Lowen beschreibt als typisches Merkmal der psychopathischen Struktur das Leugnen von Gefühlen, besonders sexueller Gefühle. Der psychopathische Charakter strebt nach Macht und möchte andere Menschen steuern oder beherrschen. Als Mittel setzt er dabei Druck oder Manipulation (Verführung) ein. Diese Menschen sind auffallend bemüht, „alles unter Kontrolle" zu haben. Meist verdrängen, leugnen und kompensieren sie ihre Erlebnisse von Machtlosigkeit und Hilflosigkeit, durch die sie sich latent bedroht fühlen.

Masochistische Charakterstruktur: Menschen mit dieser Struktur leiden unter erheblichen Minderwertigkeitsgefühlen, geben sich anspruchslos, verhalten sich unterwürfig und sind um Anpassung und Unterordnung bemüht. Sie zeigen jedoch eine starke latente trotzige und beharrliche passive Abwehr, die sie bei genügend starkem äußerem Druck offenbaren; im Inneren hegt der masochistische Charakter Hass-, Negativismus- und Überlegenheitsgefühle. Eine starke Muskelstruktur dämmt die drohende emotionale Explosion ein. Selbstdurchsetzung und Aggression sind bei diesem Charakter-Typus stark gehemmt. Stattdessen herrschen Klagen und Jammern in der Außendarstellung und die Tendenz zur Übernahme von Opferrollen vor.

Rigide Charakterstruktur: Rigidität ist nach Lowen gekennzeichnet durch eine steife, unnahbare Haltung, die im Wesentlichen durch Verletzungen des gegengeschlechtlichen

Elternteils verursacht werden. Der Begriff der Rigidität bezieht sich bei Lowen entwicklungspsychologisch auf die ödipale Konfliktsituation des Kindes. Der rigide Charakter ist ständig auf der Hut, nicht verletzt zu werden. Er hat die Hoffnung, durch Leistungsorientierung die Liebe und Anerkennung seiner Umgebung zu gewinnen und zu sichern. Rigide Menschen sind kompetitiv, willensbetont und widerstandsfreudig. Varianten des rigiden Charakters sind der phallische und der hysterische Charakter.

Phallisch: Das Verhalten ist kämpferisch, rivalisierend-dominant und mitunter aggressiv-verletzend. Dies geht besonders auch in die erotische Beziehungsgestaltung ein.

Hysterisch: Das Seelenleben und Verhalten dieser Menschen ist emotional übertrieben, Aufmerksamkeit erheischend und dramatisierend. Sie neigen zu übersteigerten gefühlsmäßigen Reaktionen, deren Aufruhr sich im vegetativen Körpergeschehen widerspiegelt. Sie sexualisieren den Kontakt bei gleichzeitiger Abwehr gegen tiefes Sich-Einlassen.[33]

2.7 Bioresonanz

Die Bioresonanztherapie, abgekürzt BRT, alternative Bezeichnungen sind Mora-Therapie, biophysikalische Informationstherapie oder Multiresonanztherapie, ist eine wissenschaftlich nicht belegte, alternativmedizinische Methode, die

[33] https://de.wikipedia.org/wiki/Bioenergetische_Analyse

zur Behandlung diverser Krankheiten dienen soll. Darunter fallen auch Krankheitsbilder, die in der evidenzbasierten Medizin unbekannt sind und im Widerspruch zu grundlegenden Erkenntnissen über die menschliche Physiologie stehen.

Die Bioresonanzverfahren leiten sich von der 1920 in den USA von Albert Abrams entwickelten Radionik ab. Die Verfahren wurden 1977 von dem deutschen Scientologen Franz Morell und seinem Schwiegersohn, dem Ingenieur Erich Rasche, als Mora-Therapie eingeführt.

In den 1990er Jahren benannten sich mehrere Therapeutenvereinigungen um und verbannten „Bioresonanz" aus ihrer Namensgebung. So existieren ähnliche Verfahren unter den Namen Biokommunikations-, Bicom-, Multicom- und Multiresonanztherapie, Biophysikalische Informationstherapie (BIT), Diagnostische Resonanztherapie (DRT), Sequentielle Frequenzdiagnostik, Lykotronik-Therapie, SomaDyne, VegaSTT oder Matrix-Regerationstherapie.[34]

2.8 Bipolare Störung

Bipolare Störung ist die etablierte Kurzbezeichnung für bipolare affektive Störung (BAS). Sie war früher unter der Bezeichnung manisch-depressive Erkrankung bekannt und ist eine psychische Störung, die zu den Affektstörungen gehört. Sie zeigt sich bei den Betroffenen durch episodische, willent-

[34] https://de.wikipedia.org/wiki/Bioresonanztherapie

lich nicht kontrollierbare und extreme zweipolig entgegengesetzte (bipolare) Auslenkungen des Antriebs, der Aktivität und der Stimmung, die weit über dem Normalniveau abwechselnd in Richtung Depression oder Manie reichen.

Die bipolare affektive Störung ist durch einen episodischen Verlauf mit depressiven, manischen, hypomanischen oder gemischten Episoden gekennzeichnet:

- Depressionen zeichnen sich durch überdurchschnittlich gedrückte Stimmung und verminderten Antrieb aus. Bei starken Depressionen kann es zu Suizidgedanken kommen.

- Eine manische Episode ist durch gesteigerten Antrieb und Rastlosigkeit gekennzeichnet, was oft mit inadäquat euphorischer oder gereizter Stimmung einhergeht. Dabei ist die Fähigkeit zur Prüfung der Realität mitunter stark eingeschränkt, und die Betroffenen können sich in große Schwierigkeiten bringen.

- Unter einer Hypomanie versteht man eine nicht stark ausgeprägte Manie, typischerweise ohne gravierende soziale Konsequenzen. Eine Hypomanie liegt jedoch bereits deutlich über einem normalen Aktivitäts- und/oder Stimmungsausschlag.

- Eine gemischte Episode ist gekennzeichnet durch gleichzeitiges oder rasch wechselndes Auftreten von

Symptomen der Manie und der Depression. Beispielsweise trifft ein verstärkter Antrieb mit einer gedrückten Grundstimmung zusammen.

Zwischen den Episoden kehrt der Betroffene in der Regel immer in einen unauffälligen Normalzustand zurück. Antrieb und Gemüt unterliegen dann wieder den normalen Schwankungen.

Die Störung tritt in unterschiedlichsten Schweregraden auf. Betroffene erscheinen in der manischen Episode leicht als charismatische Persönlichkeit. Die Störung ist, insbesondere wegen der sozialen Folgen, die sie für den Patienten haben kann, und dessen erhöhtem Suizidrisiko, sehr ernst zu nehmen.

Meist beginnt eine bipolare Störung in der Adoleszenz oder dem frühen Erwachsenenalter. Oftmals wird sie sowohl von Betroffenen als auch von Medizinern erst viele Jahre nach Ausbruch erkannt, so dass bereits eine lange Zeit Leiden bestanden hat, bevor eine Behandlung beginnt. Da die Symptome starke Auswirkungen auf Entscheidungen und Beziehungen haben, können zum Zeitpunkt der Diagnose die Lebenswege schon erheblich durch sie beeinflusst sein, zumal sie meist in jungen Jahren beginnen, in denen die Persönlichkeit noch nicht gefestigt ist. Häufig kommt es zu Problemen in der Ausbildung, im Arbeits- und Familienleben oder zu jähen Wechseln im Lebenslauf.

Ist die Störung erkannt, können die Auswirkungen mit einer entsprechenden Behandlung durch Spezialisten möglicherweise gemildert werden. Die bipolare Störung wird oft mit Kreativität in Verbindung gebracht. Zu den Betroffenen zählen viele erfolgreiche Menschen. Der gesteigerte Antrieb in hypomanen Phasen kann für ungewöhnliche und gewagte Projekte begeistern, und Ziele werden oft mit großem Engagement verfolgt.

Die bipolare Störung ist eine recht häufige Störung: Werden auch leichtere Fälle berücksichtigt, so sind laut einigen Untersuchungen in den Industrieländern drei bis vier Prozent der Bevölkerung zu irgendeinem Zeitpunkt ihres Lebens von ihr betroffen.[35]

2.9 Borderline

Die Borderline-Persönlichkeitsstörung (BPS) oder emotional instabile Persönlichkeitsstörung des Borderline-Typs ist durch Impulsivität und Instabilität in Bezug auf zwischenmenschliche Beziehungen, Stimmung und Selbstbild gekennzeichnet.

Bei dieser Persönlichkeitsstörung sind bestimmte Vorgänge in den Bereichen Gefühle, Denken und Handeln beeinträchtigt. Dies führt zu problematischen und teilweise paradox wirkenden Verhaltensweisen in sozialen Beziehungen mit anderen und sich selbst gegenüber.

[35] https://de.wikipedia.org/wiki/Bipolare_St%C3%B6rung

Die BPS wird häufig von weiteren Belastungen begleitet, es besteht z.B. eine hohe Komorbidität mit Depressionen und der Aufmerksamkeitsdefizit-/Hyperaktivitätsstörung (ADHS).

Das Wort Borderline wurde von dem Begriff „Borderland" (Grenzland) abgeleitet, mit dem C. H. Hughes 1884 einen Grenzbereich zu psychischen Krankheiten bezeichnete. Adolf Stern beschrieb 1938 die meisten Symptome, die heute zur Diagnose von BPS führen, und er nannte diese Gruppe von Symptomen „border line group". Diese Bezeichnung beruhte auf einem psychoanalytischen Verständnis, das eine Art Übergangsbereich von neurotischen und psychotischen Störungen annahm, da man bei den betroffenen Patienten Symptome aus beiden Bereichen identifizierte.

Die moderne operationalisierte Diagnostik hat sich von diesen theoriegeleiteten Konzepten weitgehend gelöst. Sie beschränkt sich nun darauf, Erlebens- und Verhaltensmuster zu beschreiben, die das Störungsbild kennzeichnen. Dies zeigt sich auch darin, dass der Borderline-Begriff in das Diagnostische und statistische Manual psychischer Störungen (DSM) und die Internationale statistische Klassifikation der Krankheiten und verwandter Gesundheitsprobleme (ICD) aufgenommen wurde.

Einige der Symptome können auch bei anderen Störungsbildern auftreten. So z.B. bei Depressionen, Schizophrenien, schizoaffektiven Psychosen, beim Asperger-Syndrom und anderen Formen des Autismus, bei der Aufmerksamkeitsdefizit-/Hyperaktivitätsstörung (ADHS), bei bipolaren Störungen und verschiedenen Persönlichkeitsstörungen (schizoiden, narzisstischen, histrionischen, schizotypischen oder paranoiden). Die Diagnose erfordert daher eine sorgfältige differentialdiagnostische Abklärung.[36]

2.10 Bulimie

Die Bulimie, auch Ess-Brechsucht (Syn. Bulimarexie oder Bulimia nervosa) oder Ochsen- bzw. Stierhunger genannt, gehört zusammen mit der Magersucht, der Binge-Eating-Disorder und der Esssucht zu den Essstörungen.

Bulimie stammt von altgriech. βουλιμία, boulimía, wörtlich „der Ochsenhunger", aus βοῦς, „Ochse" und λιμός, „Hunger" (über neulateinisch bulimia) und bezeichnet allein streng gesehen lediglich das Symptom des Heißhungers und wird dann auch als Hyperorexie (aus altgriech. ὑπέρ- hypér, „über-" und ὄρεξις órexis, „Appetit") bezeichnet.

Von der Bulimia nervosa sind überwiegend (zu 90–95 %) Frauen betroffen. Bei jungen Frauen in der Adoleszenz und im jungen Erwachsenenalter liegt die Prävalenz bei 1–3 %. Berufsgruppen, bei denen geringes Körpergewicht für das Ausüben des Berufs verlangt oder vorteilhaft ist (zum Beispiel Fotomodell, Tänzer, Skispringer), sind für diese Krankheit besonders anfällig.

[36] https://de.wikipedia.org/wiki/Borderline-Pers%C3%B6nlichkeitsst%C3%B6rung

Bulimie-Betroffene sind meist normalgewichtig, können aber auch unter- oder übergewichtig sein. Ein typisches Merkmal sind Essanfälle, nach denen sogenannte gegenregulatorische Maßnahmen ergriffen werden, um eine Gewichtszunahme zu vermeiden: Hierzu zählen selbstinduziertes Erbrechen, Hungern, extreme Diäten, exzessiver Sport, der Missbrauch von Laxantien (Abführmitteln) und Brechmitteln.

Die Essanfälle treten unterschiedlich häufig auf, wobei die Häufigkeit auch im Störungsverlauf variieren kann — zwischen zwei Essanfällen können mehrere Tage liegen, das Essen und anschließendes Erbrechen können auch mehrmals täglich erfolgen.

Als Auslöser für Essanfälle gelten insbesondere emotionale Faktoren, psychischer Stress, Unzufriedenheit mit der eigenen Person oder starke Gefühle von Verlassenheit. Später wird Heißhunger über das Energiedefizit, das durch die gegenregulatorischen Maßnahmen wie Hungern und Erbrechen entsteht, mit ausgelöst und weiter verstärkt.

Während der Essanfälle haben die Betroffenen das Gefühl, die Kontrolle über sich selbst und über die Nahrungsmengen, die sie zu sich nehmen, zu verlieren. Die Essanfälle können aber auch geplant stattfinden.

Die Bulimia nervosa beginnt oft in einem wenig höheren Alter als die mit ihr als Gegensatz verknüpfte Anorexia nervosa, etwa mit 17 oder 18 Jahren.

In der Vorgeschichte der Betroffenen kann eine Magersucht bestehen. Der Übergang kann zu einem Zeitpunkt stattfinden, wenn, bezogen auf das Gewicht und Essverhalten, eine Remission der Symptome der Magersucht erzielt wurde und die betreffende Person demnach wieder begonnen hat, mehr oder regelmäßiger zu essen.

Die Betroffenen leiden meistens unter einer gestörten Selbstwahrnehmung und/oder einer Körperschemastörung (Dysmorphophobie). Die Betroffenen empfinden sich häufig bereits bei Normalgewicht als „zu dick". Kennzeichnend ist die übergroße Angst vor einer Gewichtszunahme, selbst bei kleineren Gewichtsschwankungen.

Zu den häufigsten psychiatrischen Komorbiditäten und sozialen Problemen zählen:

- Missbrauch von Alkohol, Drogen, Medikamenten, Nikotin
- autoaggressives Verhalten
- unkontrolliertes Mode- und Konsumverhalten, übertriebenes Geldausgeben, sogenannte Frustkäufe, Kaufsucht und Ladendiebstähle
- extreme Verhaltensweisen, wie soziale Isolation oder Überanpassung an Gruppe, Familie, Leistungszwang, Karrieredrang (jung, dynamisch und erfolgreich)

- Depressionen, Minderwertigkeitsgefühle, Unzufriedenheit mit der eigenen Person, über die eigene Geschlechtsrolle, zum Beispiel die Ablehnung der Weiblichkeit und Sexualität allgemein

Infolge einer Bulimie kann es zu einer Reihe von organischen Schäden kommen. Das erhöhte Magensäureangebot im Mund schädigt bei langanhaltender Symptomatik die Zähne (v. a. Erosionen des Zahnschmelzes und Verlust der Zahnhartsubstanz) sowie die Speicheldrüsen (Anschwellung, Entzündung, was zu einer Erhöhung des Enzyms Amylase führt).

Eine Bulimie kann dann akut lebensgefährlich werden, wenn durch das wiederholte Erbrechen oder den Laxantienmissbrauch eine massive Störung des Elektrolyt-Haushaltes (Kaliummangel) entsteht, die zu lebensbedrohlichen Herzrhythmusstörungen und Nierenschäden führen kann. Weitere gravierende Folgen im Langzeitverlauf sind Pankreatitis und gastrointestinale Störungen (z.B. akute atonische Magenerweiterungen, Magenruptur, Entzündungen oder Ruptur der Speiseröhre).

Bei 10-30% der Betroffenen findet sich trockene Haut (vermutlich in Zusammenhang mit einem gestörten Schilddrüsenhormonhaushalt), und bei ca. 50% morphologische Veränderungen des Gehirns („Pseudoatrophie"). Das langfristige Risiko, eine Osteoporose zu entwickeln, ist bei Bulimiepatientinnen (im Gegensatz zur Anorexia nervosa) vermutlich nicht erhöht.

Betroffene, die an einer Bulimie leiden, versuchen meist, ihre Krankheit zu verbergen. Oft wird sie erst mehrere Jahre, nachdem sie begonnen hat, erkannt/eingestanden und behandelt. Die Prognose ist von der Dauer der Erkrankung abhängig.[37]

2.11 Burnout-Syndrom

Mit Burnout-Syndrom oder Burn-out (engl. burn out ‚ausbrennen') wird ein Zustand bezeichnet, der von psychischer und physischer Erschöpfung gekennzeichnet ist. In medizinischen Lexika ist beschrieben, dass Burnout mit emotionaler Erschöpfung und dem Gefühl von Überforderung, reduzierter Leistungszufriedenheit und evtl. Depersonalisation infolge Diskrepanz zwischen Erwartung und Realität einhergehe, und dass Burnout der Endzustand eines Prozesses von idealistischer Begeisterung über Desillusionierung, Frustration und Apathie sei.

Diese Beschreibung folgt dem heute gängigsten Konzept von Burnout nach Christina Maslach. Das Burnout-Syndrom gilt nicht als Krankheit im Sinne des ICD-10, sondern ist eine Zusatzdiagnose, die Probleme mit Bezug auf Schwierigkeiten bei der Lebensbewältigung bezeichnet. Auch im aktuellen Klassifikationssystem der American Psychiatric Association, dem diagnostischen und statistischen Handbuch psy-

[37] https://de.wikipedia.org/wiki/Bulimie

chischer Störungen (DSM-5), wird Burnout nicht als eigenständige Diagnose aufgeführt. Als Ursache für das Burnout-Syndrom wird häufig auf Stress rekurriert.

Als Entdeckungszusammenhang gelten die Beobachtungen von Herbert Freudenberger, die dieser im Laufe seiner ehrenamtlichen Tätigkeit in einer Free Clinic machte und 1974 unter dem Titel „Staff Burn-Out" veröffentlichte.

Der Begriff Burnout tauchte wiederholt in den 1970er Jahren in den Vereinigten Staaten in der Öffentlichkeit im Zusammenhang mit Pflegeberufen auf.

Populär war er bereits 1960 durch den Roman von Graham Greene mit dem Titel A Burnt-Out Case geworden, in dem ein desillusionierter Architekt seinen Beruf aufgab, um anschließend im afrikanischen Dschungel zu leben („Aussteiger").

Erste wissenschaftliche Artikel zu diesem Thema neben dem Aufsatz von Freudenberger erschienen ab 1976 bspw. von der Sozialpsychologin Christina Maslach (University of California, Berkeley). In diesen grundlegenden Arbeiten wird das Burnout-Syndrom als Reaktion auf chronische Stressoren im Beruf beschrieben. Nach Maslach hat es drei Dimensionen:

- eine überwältigende Erschöpfung (overwhelming exhaustion) durch fehlende emotionale und physische Ressourcen (Energien) als persönlicher Aspekt,

- Gefühle des Zynismus und der Distanziertheit (detachment) von der beruflichen Aufgabe (Job) als zwischenmenschlicher Aspekt und

- ein Gefühl der Wirkungslosigkeit (inefficacy – wegen mangelnder Ressourcen) und verminderter Leistungsfähigkeit als Aspekt der Selbstbewertung (Selbstbild; vgl. Selbstwirksamkeitserwartung).

Als besonders betroffen gelten Berufe, bei denen mit Menschen (als Klienten) gearbeitet wird, die sich in emotional belastenden Situationen befinden. Seit den 1990er Jahren wird Burnout immer wieder auch im Zusammenhang mit anderen Berufsgruppen diskutiert, was jedoch auf der Grundlage von Metaanalysen kritisch zu beurteilen ist.

Scott T. Meier zeigte bereits in den 1980er Jahren in einer Studie über Angehörige von lehrenden Berufen, dass Burnout enger mit depressiven Tendenzen korreliert als mit der Arbeitszufriedenheit und es in diesem Bezug eine Überlappung gibt.

Seit 2007 hat sich die Diskussion zu Burnout-Bedrohungen und -Ursachen auf Management-Kräfte verallgemeinert. Viele Psychiater halten das Burnout-Syndrom hingegen für eine Modediagnose, die als Grundlage zahlreicher Arbeitsunfähigkeitsbescheinigungen ein gesundheitsökonomischer Faktor geworden sei und die Diagnose einer Depression behindern könne.

Die Leitsymptome sind mit Erschöpfung und verminderter Leistungsfähigkeit unspezifisch. Folgt man dem Diagnoseschlüssel der ICD (vital exhaustion) und legt man die Forschungsergebnisse zur Diagnose des Burnout-Syndroms seit Mitte der 1970er Jahre zugrunde, dann zeigen die wichtigsten validierten Testverfahren über welche Symptome das Burnout-Syndrom heute operationalisiert wird. Ausgangspunkt ist dabei das weltweit am häufigsten eingesetzte Maslach Burnout Inventory (MBI). Dieses wurde unter anderem durch das Copenhagen Burnout Inventory (CBI) und das Oldenburg Burnout Inventory (OLBI) modifiziert, aber im Kern nicht verändert. Auf dieser Grundlage lassen sich die Symptome in drei Kategorien (Dimensionen) einteilen:

- Emotionale Erschöpfung (exhaustion oder fatigue): Diese Erschöpfung resultiert aus einer übermäßigen emotionalen oder physischen Anstrengung (Anspannung). Es ist die Stress-Dimension des Burnout-Syndroms. Die Betroffenen fühlen sich schwach, kraftlos, müde und matt. Sie leiden unter Antriebsschwäche und sind leicht reizbar.

- Depersonalisierung: Mit dieser Reaktion auf die Überlastung stellen die Betroffenen eine Distanz zwischen sich selbst und ihren Klienten (Patienten, Schülern, Pflegebedürftigen, Teamkollegen oder Kunden) her. Das äußert sich in einer zunehmenden Gleichgültigkeit und teilweise zynischen Einstellung gegenüber diesen Personen. Mit anderen Worten: Sie lassen die Probleme und Nöte der Klienten nicht mehr an sich herankommen und konzentrieren sich auf den sachlichen Aspekt der Beziehung. Die Arbeit wird zur reinen unpersönlichen Routine.

- Erleben von Misserfolg: Die Betroffenen haben häufig das Gefühl, dass sie trotz Überlastung nicht viel erreichen oder bewirken. Es mangelt an den Erlebnissen des Erfolges. Weil die Anforderungen quantitativ und qualitativ steigen und sich ständig verändern, erscheint die eigene Leistung im Vergleich zu den wachsenden Anforderungen gering. Diese Diskrepanz zwischen Anforderungen und Leistungen nimmt der Betroffene als persönliche Ineffektivität bzw. Ineffizienz wahr. Dies ist mit eine Folge der Depersonalisierung, weil die Betroffenen sich von ihren Klienten entfernt haben und auf deren Erwartungen nicht mehr wirksam eingehen können. Darunter leidet der Glaube an den Sinn der eigenen Tätigkeit.

Das Burnout-Syndrom kann ähnliche Symptome wie das Boreout-Syndrom aufweisen: Der Begriff stammt vom englischen bore = (sich) langweilen und bezeichnet den Zustand beruflicher Unterforderung und Unzufriedenheit. Dieser Zustand kann von gleichzeitig hoher Geschäftigkeit und reduzierter Leistungsfähigkeit sowie emotionaler Erschöpfung begleitet sein.[38]

[38] https://de.wikipedia.org/wiki/Burnout-Syndrom

3 Buchstabe C
3.1 Channeling

Channeling bezeichnet einen Vorgang, bei dem ein Medium (auch Channel genannt) Botschaften von übernatürlichen Wesen wie Engeln, Geistern oder Verstorbenen empfängt oder anders geartete „nicht-physikalische" Wahrnehmungen hat. In der Parapsychologie wird der Begriff dabei unabhängig von kulturrelativen religiösen oder okkulten Weltbildern verwendet.

Die bekanntesten Phänomene oder Techniken sind dabei Hypnose und Telepathie.

Mediumismus ist die behauptete Kommunikation mit diesen Wesen und die gesprochene oder geschriebene Weitergabe von Visionen und „Mitteilungen". In den 1970er Jahren etablierte sich dafür in der US-amerikanischen New-Age-Bewegung der Begriff Channeling, der in den Achtzigern auch im deutschsprachigen Raum bekannt wurde.

Medien nehmen für sich in Anspruch, unter anderem mit der jenseitigen Welt Verbindung aufzunehmen, z.B. mit „Engeln" oder „Totengeistern". Sie tun dies in so genannten Séancen (Sittings oder Readings), bei Einzelsitzungen oder Meditationen. Dabei übermitteln sie Zuhörern oder Klienten zumeist persönlich adressierte Botschaften des Trostes oder der Lebenshilfe. Die Behauptung, diese Botschaften kämen von

Verstorbenen, Engeln oder Geistwesen, wird damit begründet, dass sie teilweise sehr präzise Details von Aussehen oder Lebensweise verstorbener Angehöriger wiedergäben.[39]

3.2 Choleriker

Als Choleriker (über lateinisch cholericus, gelbgallig, von altgriechisch χολή cholḗ, deutsch Galle) wird in der heutigen Umgangssprache ein leicht erregbarer, unausgeglichener, jähzorniger, zu Wutanfällen neigender Mensch bezeichnet. Er bildet mit dem Melancholiker, Phlegmatiker und Sanguiniker die inzwischen als überholt geltenden vier Temperamente, die auf der Humoralpathologie beruhen.

Im positiven Sinn werden Choleriker als willensstark, furchtlos und entschlossen beschrieben.

In der Medizingeschichte ist der Choleriker allgemein ein Grundtypus menschlicher Charakterzüge, der als für die mit seinem Typ assoziierten Leidenschaften und Krankheiten besonders empfänglich gilt. Sowohl die Stärke der einzelnen Temperamente als auch ihre Mischung wurde für Personen individuell angesehen.

Den gesunden und wünschenswerten Zustand stellt nach Galenos das Gleichgewicht zwischen den Temperamenten dar. Ein Mensch mit einem stark überwiegenden Tempera-

[39] https://de.wikipedia.org/wiki/Medium_(Person)

ment wie der humoralpathologisch einer heißen und trockenen „Säftemischung" (durch einen Überschuss an „Gelber Galle") bzw. Beschaffenheit zuzuordnende Choleriker kann nach dieser Ansicht als krank bezeichnet werden.

Moderne Krankheitsklassifikationen wie der ICD 10 kennen „cholerisch" nicht als Diagnose. Nach Eysenck ist das cholerische Temperament durch die Kombination von emotionaler Labilität mit Extraversion gekennzeichnet.[40]

3.3 Chromosom

Chromosomen (von griechisch χρώμα chrōma ‚Farbe' und σώμα sōma ‚Körper', also wörtlich „Farbkörper") sind Makromolekülkomplexe, die Gene und somit auch Erbinformationen enthalten. Sie bestehen aus DNA, die mit vielen Proteinen verpackt ist. Diese Mischung aus DNA und Proteinen wird auch als Chromatin bezeichnet.

Chromosomen kommen in den Zellkernen der Zellen von Eukaryoten (Lebewesen mit Zellkern) vor, zu denen alle Tiere, Pflanzen und Pilze gehören. Prokaryoten (Lebewesen ohne Zellkern), also Bakterien und Archaeen, besitzen keine Chromosomen im klassischen Sinn, sondern ein oder mehrere, meist zirkuläre DNA-Moleküle, die manchmal als „Bakterienchromosom" bezeichnet werden, obwohl diese mit den eukaryotischen Chromosomen nicht viel gemein haben.

[40] https://de.wikipedia.org/wiki/Choleriker

Fast alle Gene der Eukaryoten liegen auf den Chromosomen. Einige wenige liegen auf DNA in den Mitochondrien und bei Pflanzen auch in den Chloroplasten. In den Mitochondrien und Chloroplasten der Eukaryoten ist die DNA ebenfalls ringförmig, ähnlich dem Bakterienchromosom.

Die X-ähnliche Form der Chromosomen, die in den meisten Darstellungen vorherrscht, tritt nur in einem kurzen Abschnitt während der Zellkernteilung (Mitose) auf. Sie bildet sich während der Prophase heraus und liegt in der anschließenden Metaphase vor. In diesem kondensierten Zustand mit jeweils zwei Chromatiden sind die Chromosomen im Lichtmikroskop ohne besondere Anfärbung erkennbar.

Zwischen Kernteilungen, in der Interphase, existieren Chromosomen im Zellkern in einem „entspannten", dekondensierten Zustand. Nur in diesem dekondensierten Zustand kann die DNA abgelesen und dupliziert werden. Die Chromosomen sind nach Anwendung einer speziellen Nachweistechnik (Fluoreszenz-in-situ-Hybridisierung) aber weiterhin als getrennte Einheiten nachweisbar. Auch in der Interphase nimmt also jedes Chromosom im Zellkern einen abgegrenzten Bereich ein, ein Chromosomenterritorium.

Der Name Chromosom wurde 1888 von dem Anatomen Heinrich Wilhelm Waldeyer vorgeschlagen, nachdem Walther Flemming einige Jahre zuvor den Begriff Chromatin für die färbbare Substanz im Zellkern eingeführt hatte.

Noch 1906 nutzte Oscar Hertwig parallel dazu den Begriff Kernsegmente, welcher verdeutlichen sollte, dass bei der

Teilung des Kerns (Mitose) „das Chromatin in Segmente zerlegt wird". Eine weitere alte Bezeichnung, die ebenfalls eine Weile parallel zu Chromosom benutzt wurde, ist Kernschleife, zum Beispiel bei Karl Heider (1906).

Die Geschichte der Entdeckung der Chromosomen und ihrer Funktion lässt sich nicht von der vorangegangenen Entdeckung des Zellkerns trennen.

1843 beschrieb Carl Wilhelm von Nägeli „transitorische Zytoblasten", bei denen es sich vermutlich um Chromosomen handelte. Auch Abbildungen aus den Werken anderer Forscher lassen sich mit heutigem Wissen als Chromosomen bzw. mitotische Zellteilung deuten (Matthias Schleiden 1846, Rudolf Virchow 1857, Otto Bütschli 1873).

1873 beschrieb Anton Schneider an Plattwürmern, dass der Zellkern sich „in einen Haufen feinlockig gekrümmter, auf Zusatz von Essigsäure sichtbar werdender Fäden verwandelt. An Stelle dieser dünnen Fäden traten endlich dicke Stränge auf, zuerst unregelmäßig, dann zu einer Rosette angeordnet, welche in einer durch den Mittelpunkt der Kugel gehenden Ebene (Äquatorialebene) liegt."

Die „indirekte Kernteilung" (Mitose) war entdeckt – aber noch nicht verstanden. So ging Walther Flemming 1882 noch davon aus, dass sich die „Kernfäden" erst während der frühen Phase der Kernteilung aus einem zuvor durchgehenden Faden voneinander trennen. Zwar beobachtete er eine Längsspaltung der Chromosomen zu einem späteren Zeitpunkt (heute als Metaphase bezeichnet), nahm aber an, dass sich ganze Chromosomen (also mit beiden Chromatiden) später (heute: Anaphase) in Richtung der künftigen Zellkerne bewegen. Auch schloss er nicht aus, dass sich Zellkerne zumindest in manchen Fällen auch neu bilden könnten, also nicht durch Teilung aus bestehenden Kernen. 1884 beschrieben dann mehrere Autoren (L. Guignard, Emil Heuser und Edouard van Beneden) die Aufteilung der Chromosomenhälften (heute: Chromatiden) auf die Tochterzellkerne.

Da die Chromosomen während der Interphase nicht sichtbar waren, war zunächst unklar, ob sie sich nach einer Kernteilung auflösen und vor jeder Kernteilung neu bilden oder ob sie im Kern als jeweils eigene Einheiten überdauern. Letztere Idee wurde als Lehre von der Erhaltung der Individualität der Chromosomen bezeichnet und von Carl Rabl vorgeschlagen (1885). Er war auch der erste, der erstens eine konstante Zahl von Chromosomen bei verschiedenen Mitosen eines Gewebes feststellte und zweitens daraus schloss, dass die Chromosomen auch in der Interphase und somit kontinuierlich vorhanden sein müssten. Er ließ aber zunächst noch die Möglichkeit offen, dass diese Zahl in verschiedenen Geweben unterschiedlich sein könnte. Rabl war ebenfalls der erste, der annahm, dass jedes Chromosom im Interphasekern ein eigenes Territorium bildet.

Die Idee der Chromosomenkontinuität fand keineswegs ungeteilte Zustimmung. Ein wichtiger Gegner war Oscar Hertwig (1890, 1917). Theodor Boveri dagegen befürwortete Rabls Ideen und unterstützte sie mit weiteren experimentellen Befunden (1904, 1909). Ebenfalls in den 1880er Jahren entwickelte August Weismann seine Keimplasmatheorie, bei der er davon ausging, dass das Erbmaterial (nur) in den Chromosomen lokalisiert sei. Wichtige Schlussfolgerungen waren, dass Vererbung ausschließlich über die Keimbahn stattfinde und dass eine Vererbung erworbener Eigenschaften abzulehnen sei. Was sich später als weitgehend richtig erwies, war damals heftig umstritten.

Im Jahr 1900 wurden die Mendelschen Regeln wiederentdeckt und bestätigt. In der Folge entwickelte sich die neue Wissenschaft der Genetik, in deren Rahmen der Zusammenhang von Chromosomen und Vererbung vielfach gezeigt wurde. Beispielsweise konnte Thomas Hunt Morgan 1910 an Drosophila melanogaster den Nachweis führen, dass die Chromosomen die Träger der Gene sind. 1944 zeigte Oswald Avery, dass das eigentliche Erbmolekül die DNA ist, und nicht etwa Proteine in den Chromosomen.

Im Jahr 2000 haben zwei internationale Wissenschaftlerteams das menschliche Erbgut weitgehend entziffert, im Jahr 2003 waren 99 Prozent sequenziert. Mit dem Chromosom 1 wurde 2005/2006 das letzte der 24 verschiedenen menschlichen Chromosomen genau analysiert (99,99 %). Über 160 Wissenschaftler aus Großbritannien und den USA publizierten diese Gemeinschaftsarbeit.

2014 gelang erstmals das Design und die Konstruktion eines synthetischen Chromosoms, und zwar in der Bäckerhefe Saccharomyces cerevisiae.[41]

[41] https://de.wikipedia.org/wiki/Chromosom

3.4 Chronisch

Chronisch (von griechisch χρόνος chrónos ‚die Zeit') kennzeichnet sich meist langsam entwickelnde und lang andauernde Erkrankungen. Der Krankheitsverlauf erstreckt sich über mehr als vier Wochen. Eine Erkrankung kann chronisch sein und trotzdem eine akute Komponente haben. Einige chronische Erkrankungen, wie z.B. Epilepsie, zeichnen sich durch akute Schübe (Anfälle) aus.[42]

3.5 Coaching

Der Begriff Coaching wird als Sammelbegriff für unterschiedliche Beratungsmethoden (Einzelcoaching, Teamcoaching, Projektcoaching) verwendet. Im Unterschied zur klassischen Beratung werden keine direkten Lösungsvorschläge durch den Coach geliefert, sondern die Entwicklung eigener Lösungen wird begleitet.

Coaching bezeichnet strukturierte Gespräche zwischen einem Coach und einem Coachee (Klienten) z.B. zu Fragen des beruflichen Alltags (Führung, Kommunikation und Zusammenarbeit). Die Ziele dieser Gespräche reichen von der Einschätzung und Entwicklung persönlicher Kompetenzen und Perspektiven über Anregungen zur Selbstreflexion bis hin zur Überwindung von Konflikten mit Mitarbeitern, Kollegen oder Vorgesetzten. Dabei fungiert der Coach als neu-traler,

[42] https://de.wikipedia.org/wiki/Krankheitsverlauf#Zeitlicher_Verlauf

kritischer Gesprächspartner und verwendet je nach Ziel Methoden aus dem gesamten Spektrum der Personal- und Führungskräfteentwicklung.

Das Wort „Coach" bedeutet ursprünglich „Kutsche" und ist in der englischen Sprache seit 1556 nachgewiesen. Seit 1848 wurde eine umgangssprachliche Verwendung des Begriffs für private Tutoren für Studenten beobachtet, im sportlichen Bereich wird das Wort seit 1885 in England und den USA gebraucht.

Definition: „Coaching bezieht sich auf die Anleitung und die Rückmeldung zu spezifischem Wissen, Fertigkeiten und Fähigkeiten für eine bestimmte Aufgabe."

Die Psychotherapie hat sich nach Christian Reimer und Co-Autoren erst im Laufe der letzten beiden Jahrzehnte aus der Ecke der Glaubenssysteme und Konfessionen gelöst und zunehmend zu einer wissenschaftlich begründeten Heilbehandlung entwickelt. Einige Erkenntnisse und Methoden konnten sowohl in der Psychotherapie als auch beim Coaching eine Wirkung im Sinne eines Erfolges nachweisen (siehe auch Psychotherapieforschung). Zu diesen so genannten Wirkfaktoren gehören:

- Ressourcenaktivierung: der Therapeut oder Berater verdeutlicht dem Klienten seine positiven Möglichkeiten, Eigenheiten, Fähigkeiten und Motivationen, damit sich dieser seiner Stärken bewusst wird.

- Problemaktualisierung: die Gesprächsführung wird so gestaltet, dass der Klient z.B. problematische oder belastende Erfahrungen und Emotionen in der Sitzung erneut erlebt. Diese fasst der Coach (oder Therapeut) in Worte und macht sie damit „greifbar" und lösbar.

- Unterstützung bei der aktiven Problembewältigung: hier macht der Klient zunächst im Gespräch die Erfahrung, dass er anstehende Herausforderungen oder Probleme aus eigener Kraft bewältigen kann, die ihm bisher als nicht lösbar erschienen sind. Anschließend kann und soll er Problemlösungen mit steigendem Schwierigkeitsgrad eigenständig in der Praxis ausprobieren.

- Motivationale Klärung: dabei hilft der Therapeut oder Berater dem Klienten, seine bewussten oder unbewussten Motive, Ziele und Werte klarer zu sehen. Dies fördert das Verständnis dafür, warum der Patient sich so verhält und so empfindet und nicht anders.

Die Abgrenzung zwischen Psychotherapie und Coaching beschreiben Maja Storch und Frank Krause mit den Worten: „Diejenigen Fachpersonen, die ZRM (Zürcher Ressourcen Modell) im Beratungssetting oder im Coaching anwenden möchten, bitten wir, diese Begriffe mental zu ersetzen. Statt ‚Psychotherapie' kann man ‚Beratung', ‚Training' oder ‚Coaching' denken, statt ‚Patient' empfiehlt sich ‚Klient'."

Dagegen unterscheidet Rolf Winiarski zwischen Beratungs- und Therapieklientel. Im Falle der Beratung sind Leidensdruck, Motivation für längerfristige Veränderungen und das Problembewusstsein der Klienten deutlich geringer. Für die Psychotherapie ist hingegen eine gezielte Veränderungsarbeit an emotionalen Problemreaktionen mit 10 bis 60 Stunden, also eine langfristige therapeutische Beziehung charakteristisch.

Sowohl in der Psychotherapie als auch beim Coaching ist für den Behandlungserfolg das persönliche Verhältnis zwischen Berater und Klient besonders wichtig. Es sollte den Prinzipien des Vertrauens, der Wertschätzung, Authentizität, Empathie, Fürsorge, und des Interesses getragen sein.

Die Wirkfaktoren (einschließlich der persönlichen Beziehung) sind in der Psychotherapie, im Coaching und bei anderen Beratungs- und Trainingsmethoden grundsätzlich gleich. Entscheidend ist die Frage, ob ein Coach mit diesen Wirkfaktoren umgehen kann und die notwendigen diagnostischen Instrumente beherrscht.

Im Falle des Business- oder Executive-Coaching steht die Entwicklung von Managementkompetenzen mit den entsprechenden Besonderheiten im Vordergrund.[43]

---

[43] https://de.wikipedia.org/wiki/Coaching

3.6 Counseling

Counseling (aus dem amerikanischen Englisch, im britischen Englisch: Counselling) ist die professionelle psychosoziale Beratung von Einzelnen oder Gruppen mit dem Ziel, Problemlösungs- oder Veränderungsprozesse innerhalb eines vergleichsweise kurzen Zeitraums anzustoßen und zu evaluieren. Die im Counseling verwendeten kognitiv-emotionalen Interventionsmethoden sollen die Fähigkeit zu Selbststeuerung und die Selbsthilfebereitschaft fördern, Counselors arbeiten daher mit Gesprächs- und Interventionstechniken, die nur zum Teil mit denen von Psychotherapeuten zu vergleichen sind. In der Regel ist die Interventionstiefe geringer und der Ansatz holistisch, das heißt, das gesamte soziale Umfeld der Klienten und ihre Unterstützungssysteme geraten stärker ins Blickfeld (sog. „kontextuelles Paradigma" des Counseling). Eine psychologische Ausbildung ist nicht zwingend erforderlich; in den USA findet die Ausbildung häufig an Fachbereichen für Erziehungswissenschaften statt. Hingegen sind z. B. Feldkenntnisse und Berufserfahrungen aus benachbarten Bereichen von Vorteil - so z.B. im Career-counseling.

Einen Sonderfall stelltdas so genannte Peer-to-peer-counseling dar, die gegenseitige Beratung untereinander von Personen (meist Laien) mit gleichen Interessen oder ähnlichen Erfahrungen.

Der Begriff Counseling geht zurück auf das Buch „Choosing a Vocation" von Frank Parsons (veröffentlicht 1909), der ihn für das Feld der berufsbezogenen Beratung und Begleitung (heute: Coaching, Supervision) verwendet.

1913 wurde die First Counseling Association USA (NVGA National Vocational Guidance Association – multiprofessional – knowledge of work, knowledge of self, matching the two = vocational guidance) gegründet.

Seit den 1920er Jahren entwickelte sich das Counseling im Rahmen der Etablierung professioneller Hilfeformen in den Bereichen Bildung, Beruf und Gesundheit. Geprägt wurde es von Einflüssen der Kognitions-, Motivations-, Verhaltens- und Lerntheorie, aber weitgehend unabhängig von der (nicht-medizinischen) Psychotherapie. Die Aus- bzw. Fortbildung ist heute meist in den Fächern Pädagogik, Sozialpädagogik oder Counseling Psychology verankert.

Im Juni 2003 einigten sich 35 deutsche Beratungsverbände, die heute in der Deutschen Gesellschaft für Beratung – DGfB – zusammengeschlossen sind, auf ein gemeinsames Beratungsverständnis. In der Folge wurden Mindeststandards für die Weiterbildung zum Counselor festgelegt. In der Konsequenz des von der OECD und der Europäischen Kommission veröffentlichten Handbuches „Career Guidance and Public Policy: Bridging the Gap" hat die deutsche Bundesregierung das Nationale Forum Beratung in Bildung, Beruf und Beschäftigung (nfb)[6] initiiert und gefördert, das seit 2006 Standards für Beratung in der lebenslangen Begleitung in Bildung, Beruf und Beschäftigung entwickelt und 2014 veröffentlichte. Im nfb sind zahlreiche Beratungsträger dieses

Teilbereiches von Counseling zusammengeschlossen. Allerdings ist der Begriff in Deutschland anders als in den USA nicht geschützt.

Der Begriff wurde durch die Arbeiten von Carl R. Rogers bekannt, doch ist modernes Counseling nicht auf die Methoden der Rogers-Schule beschränkt. Zwar bildet die Theorie der psychologischen Beratung (amerik.-engl. Counseling Psychology, brit.-engl. Counselling Psychology) eine wichtige Grundlage des Counseling, doch stammt das breite Methodeninventar auch aus der amerikanischen pragmatischen, interaktionistischen, systemtheoretischen oder auch lebensweltorientierten Pädagogik und Sozialarbeit, d. h. aus der Arbeit mit (relativ) gesunden Menschen, die jedoch desorientiert sind und bestimmte Probleme nicht allein lösen können und deren Lösung teilweise an Experten delegieren. In dem Maße, in dem sich überlieferte Sozialmodelle (z.B. die "Normalbiographie" oder die "gesunde Familie") als zu idealistisch erweisen, entsteht Beratungsbedarf und steigt die Fremdwissensabhängigkeit bei der Suche nach Lösungen.

Oft arbeiten Counselors mit Angehörigen benachteiligter Gruppen an der Lösung konkreter Alltagsprobleme bzw. sind in der Prävention tätig. Diversity ist daher ein wichtiges Thema der Ausbildung geworden. Ziele sind z.B. der Erwerb sozialer Kompetenzen, die Steigerung der Entscheidungsfähigkeit und der Eigenverantwortung für beruflichen Erfolg oder Gesundheit oder die Armutsprävention. Der Übergang zum Coaching ist wegen der auch im Counseling deutlichen Betonung der Hilfe zur Selbsthilfe fließend. Während

Coaching mehr an der Beseitigung von Defiziten ansetzt, ist Counseling oft stärkenorientiert.[44]

3.7 Cui bono

Die Frage Cui bono? (lateinisch für „Wem zum Vorteil?") – gelegentlich auch ungenau Qui bono? zitiert – ist ein geflügeltes Wort, mit dem die Frage nach dem Nutznießer bestimmter Ereignisse oder Handlungen, insbesondere von Verbrechen gestellt wird.

Erstmals ist die Frage bei dem römischen Redner, Staatsmann und Philosophen Marcus Tullius Cicero nachweisbar: Er verwendet sie 80 v. Chr. in seiner Verteidigungsrede für Sextus Roscius Amerinus, um den Mordverdacht vom Angeklagten, dem mittellosen Sohn des Mordopfers, auf Lucius Cornelius Chrysogonus zu lenken, einen Günstling Sullas, der dessen ganzen Besitz unrechtmäßig an sich brachte. Der damals erst 27-jährige Cicero behauptet dabei, Urheber dieses Gedankengangs sei gar nicht er selbst, sondern der Konsul des Jahres 127 Lucius Cassius Longinus Ravilla.

Außerdem verwendete Cicero diese Frage noch zwei weitere Male, beide Male eingeführt als „illud Cassianum", „jenes bekannte Wort des Cassius": Im Jahr 52 v. Chr. bei seiner erfolglosen Verteidigung des Titus Annius Milo, der angeklagt war, Publius Clodius Pulcher erschlagen zu haben; im Jahre

[44] https://de.wikipedia.org/wiki/Counseling

44 v. Chr. in einer als Senatsrede konzipierten Flugschrift gegen Marcus Antonius, der sogenannten zweiten Philippika.

Der Philosoph und Dramatiker Lucius Annaeus Seneca verwendete den Ausdruck leicht abgewandelt in seiner Tragödie Medea: „Cui prodest scelus, is fecit" – „Wem das Verbrechen nützt, der hat es begangen."

In der Moderne ist das Prinzip, bei der Frage nach persönlicher Verantwortung nach dem Nutzen zu fragen, aus Kriminalistik, politischer Analyse und Geschichtswissenschaft nicht mehr wegzudenken.

Die Argumentation mit dem Cui-Bono-Prinzip allein kann jedoch auch zum Fehlschluss cum hoc ergo propter hoc führen, da aus dem gleichzeitigen Vorhandensein eines Interesses und eines Ereignisses, das diesem Interesse dient, nicht auf die Kausalität des Ereignisses geschlossen werden kann, das ja auch durch ebenfalls interessierte Dritte oder bloßen Zufall eingetreten sein kann.[45]

[45] https://de.wikipedia.org/wiki/Cui_bono

4 Buchstabe D

4.1 Deduktion

Die Deduktion (lateinisch deductio ‚Abführen, Fortführen, Ableitung'), auch deduktive Methode oder deduktiver Schluss, ist in der Philosophie und der Logik eine Schlussfolgerung gegebener Prämissen auf die logisch zwingenden Konsequenzen.

Deduktion ist schon bei Aristoteles als „Schluss vom Allgemeinen auf das Besondere" verstanden worden, d.h. der Vererbung von Eigenschaften, die alle Mitglieder einer Gruppe teilen, auf echte Untermengen und einzelne Elemente.

Dem stellt Aristoteles die Induktion als Gewinnung von allgemeinen Aussagen aus der Betrachtung mehrerer Einzelfälle, und die Abduktion oder Apagoge gegenüber, die feststellt, dass bestimmte Einzelfälle unter eine gegebene oder noch zu entdeckende allgemeine Regel fallen.[46]

4.2 Depression

Die Depression (von lateinisch deprimere „niederdrücken") ist eine psychische Störung. Typisch für sie sind gedrückte Stimmung, negative Gedankenschleifen und ein gehemmter Antrieb. Häufig gehen Freude und Lustempfinden, Selbstwertgefühl, Leistungsfähigkeit, Einfühlungsvermögen und das Interesse am Leben verloren. Diese Symptome treten

---

[46] https://de.wikipedia.org/wiki/Deduktion

auch bei gesunden Menschen zeitweise auf. Bei einer Depression sind sie jedoch länger vorhanden, schwerwiegender ausgeprägt und senken deutlich die Lebensqualität.

In der Psychiatrie wird die Depression den affektiven Störungen zugeordnet. Die Diagnose wird nach Symptomen und Verlauf (z.B. einmalige oder wiederholte depressive Störung) gestellt. Zur Behandlung werden nach Abklärung möglicher Ursachen Antidepressiva eingesetzt oder eine Psychotherapie durchgeführt, je nach Schweregrad einzeln oder auch kombiniert.

Im alltäglichen Sprachgebrauch wird der Begriff depressiv häufig für eine Verstimmung verwendet. Im medizinischen Sinne ist die Depression jedoch eine ernste, behandlungsbedürftige und oft folgenreiche Erkrankung, die sich der Beeinflussung durch Willenskraft oder Selbstdisziplin des Betroffenen entzieht. Sie stellt eine wesentliche Ursache für Arbeitsunfähigkeit oder Frühverrentung dar und ist an rund der Hälfte der jährlichen Selbsttötungen in Deutschland beteiligt.

Nach der fachärztlichen Leitlinie „Nationale Versorgungs-Leitlinie – Unipolare Depression" der Deutschen Gesellschaft für Psychiatrie und Psychotherapie, Psychosomatik und Nervenheilkunde (DGPPN) von 2011 wird empfohlen, zum Zwecke der Diagnose nach ICD-10 zwischen drei Haupt- und sieben Zusatzsymptomen zu unterscheiden.

Die Hauptsymptome sind:

- depressive Stimmung: Die Depression ist charakterisiert durch Stimmungseinengung oder bei einer schweren Depression dem „Gefühl der Gefühllosigkeit" bzw. dem Gefühl anhaltender innerer Leere.

- Interessensverlust, Freudlosigkeit: Verlust der Fähigkeit zu Freude oder Trauer; Verlust der affektiven Resonanz, das heißt, die Stimmung des Patienten ist durch Zuspruch nicht aufzuhellen.

- Antriebsmangel, erhöhte Ermüdbarkeit: Ein weiteres typisches Symptom ist die Antriebshemmung. Bei einer schweren depressiven Episode können Betroffene in ihrem Antrieb so stark gehemmt sein, dass sie auch einfachste Tätigkeiten wie Körperpflege, Einkaufen oder Abwaschen nicht mehr verrichten können.

Die Zusatzsymptome sind:

- verminderte Konzentration und Aufmerksamkeit

- vermindertes Selbstwertgefühl und Selbstvertrauen

- Schuldgefühle und Gefühle von Minderwertigkeit

- negative und pessimistische Zukunftsperspektiven: Charakteristisch sind übertriebene Sorge um die Zukunft, unter Umständen übertriebene Beunruhigung durch Bagatellstörungen im Bereich des eigenen Körpers (siehe Hypochondrie), das Gefühl der Hoffnungslosigkeit, der Hilflosigkeit oder tatsächliche Hilflosigkeit

- Suizidgedanken oder -handlungen: Schwer Betroffene empfinden oft eine völlige Sinnlosigkeit ihres Lebens. Häufig führt dieser qualvolle Zustand zu latenter oder akuter Suizidalität.

- Schlafstörungen

- verminderter Appetit

Ferner kann zusätzlich noch ein somatisches Syndrom vorliegen:

- Interessenverlust oder Verlust der Freude

- mangelnde Fähigkeit, emotional auf die Umwelt zu reagieren

- frühmorgendliches Erwachen: Der Schlaf ist gestört in Form von vorzeitigem Erwachen, mindestens zwei Stunden vor der gewohnten Zeit. Diese Schlafstörungen sind Ausdruck eines gestörten 24-Stunden-Rhythmus. Die Störung des chronobiologischen Rhythmus ist ebenfalls ein charakteristisches Symptom.

- Morgentief: Häufig geht es dem Kranken vormittags besonders schlecht. Bei einer seltenen Krankheitsvariante verhält es sich umgekehrt: Es tritt ein sogenanntes „Abendtief" auf, das heißt, die Symptome verstärken sich gegen Abend und das Einschlafen ist erschwert oder erst gegen Morgen möglich.

- psychomotorische Hemmung oder Agitiertheit: Die Hemmung von Bewegung und Initiative geht häufig mit innerer Unruhe einher, die körperlich als ein Leibgefühl wahrgenommen wird und sehr quälend sein kann (stumme Exzitation, lautlose Panik).

- deutliche Appetitlosigkeit

- Gewichtsabnahme, Gewichtszunahme („Kummerspeck")

- Auch kann sich das sexuelle Interesse vermindern oder erlöschen (Libidoverlust).

Depressive Erkrankungen gehen gelegentlich mit körperlichen Symptomen einher, sogenannten Vitalstörungen, Schmerzen in ganz unterschiedlichen Körperregionen, am typischsten mit einem quälenden Druckgefühl auf der Brust. Während einer depressiven Episode ist die Infektionsanfälligkeit erhöht. Beobachtet wird auch sozialer Rückzug, das Denken ist verlangsamt (Denkhemmung), sinnloses Gedankenkreisen (Grübelzwang), Störungen des Zeitempfindens.

Häufig bestehen Reizbarkeit und Ängstlichkeit. Hinzukommen kann eine Überempfindlichkeit gegenüber Geräuschen.[47]

4.3 Desomatisierung

Desomatisierung und Resomatisierung sind gegensätzliche Begriffe, die in der Psychosomatik und Entwicklungspsychologie Verwendung finden. Das Konzept wurde 1955 von Max Schur aufgestellt.

Die Entwicklungs- und Reifungsvorgänge des gesunden Kindes werden als fortlaufender Prozess der Desomatisierung beschrieben, d.h. einer fortlaufenden Entflechtung von körpernahen Reaktionsweisen - etwa Zönästhesien - zu einem eher bewussten, seelisch einfühlbaren und sprachlich verständlich mitgeteilten Verhalten. Neugeborene reagieren bevorzugt körperlich unkoordiniert, unbewusst und primärprozesshaft. Durch Reifung des Ichs im Laufe der Zeit wird eine psychisch bewusste sekundärprozesshafte Verarbeitung erlernt.

Unter bestimmten Bedingungen kann der Prozess der Desomatisierung umkehrbar sein. Zum Beispiel kann es durch besonderen seelischen Druck oder Angst zu einer Resomatisierung kommen. Dies äußert sich in somatischen (körperlichen) Beschwerden. Es handelt sich also bei der Resomatisierung um ein regressives Phänomen. Das Modell wurde in

[47] https://de.wikipedia.org/wiki/Depression

Kombination mit dem Konzept der Aktualneurosen Freuds zur Unterscheidung vom Konversionsmodell und zur Erklärung der Entstehung körperlicher Beschwerden mit symbolischem (in sozialer Hinsicht bedeutsamen) Ausdrucksgehalt benutzt. Im Gegensatz zum Abwehrmechanismus der Konversion kommt es vielmehr zu einer direkten Umwandlung in körperliche Symptome ähnlich der Entwicklung von Symptomen bei der Angstneurose. Bei der Resomatisierung kommt es vorwiegend nicht zu einer psychischen Verarbeitung mit intuitiv verständlichen Ausdrucksgehalt.[48]

4.4 Dichotomie

Dichotomie bezeichnet eine Struktur aus zwei Teilen, die einander gegenüberstehen und einander ergänzen (zum Beispiel ein komplementäres Begriffspaar), oder eine Aufteilung in zwei solche Teile (zum Beispiel die Aufteilung eines ganzen Bereichs in zwei Teilbereiche).

Dichotomie bedeutet wörtlich ‚Zweiteilung' (griechisch διχότομος dichótomos, deutsch ‚halbgeteilt', ‚entzweigeschnitten', ‚in zwei Teile gespalten'; aus δίχα dícha, deutsch ‚entzwei', ‚getrennt' und τέμνειν témnein, deutsch ‚schneiden'). Das Adjektiv lautet dichotom oder dichotomisch. Man spricht beispielsweise von einer dichotomen oder dichotomischen Methode, wenn sie auf Einteilungen in jeweils zwei Teile oder Gruppen beruht.[49]

---

[48] https://de.wikipedia.org/wiki/Resomatisierung

[49] https://de.wikipedia.org/wiki/Dichotomie

4.5 Dissoziative Störung

Der Begriff Dissoziation in der Psychiatrie bezeichnet das teilweise bis vollständige Auseinanderfallen von normalerweise zusammenhängenden Funktionen der Wahrnehmung, des Bewusstseins, des Gedächtnisses, der Identität und der Motorik.

Es gibt leichte Symptome, von denen nahezu jeder im Laufe des Lebens mindestens einmal betroffen sein kann, und schwere Symptome, die zu Beeinträchtigungen und Leiden führen und als Störungen bezeichnet werden.

Im Fall von Störungen sind funktionelle und anatomische Abweichungen im Gehirn – beim Vergleich von Gruppendaten – festgestellt worden. Bezüglich der Ursachen besteht weitgehende Einigkeit, dass man von einem Zusammenwirken bestimmter persönlicher Voraussetzungen und – in der Regel – traumatischer Erlebnisse ausgehen sollte.[50]

4.6 DNA

Desoxyribonukleinsäure (Des|oxy|ri|bo|nu|kle|in|säu|re; kurz DNS; englisch DNA für deoxyribonucleic acid) (lat.-fr.-gr. Kunstwort) ist ein in allen Lebewesen und in bestimmten Virentypen (sogenannte DNA-Viren) vorkommendes Biomolekül und Träger der Erbinformation, also der Gene. Das Wort

[50] https://de.wikipedia.org/wiki/Dissoziation_(Psychologie)

setzt sich zusammen aus des-, Oxygenium (Sauerstoff), Ribose (siehe Desoxyribose) und Nukleinsäure.

Im Normalzustand ist DNA in Form einer Doppelhelix aufgebaut. Chemisch gesehen handelt es sich um Nukleinsäuren, lange Kettenmoleküle (Polymere), die aus vier verschiedenen Bausteinen, den Nukleotiden aufgebaut sind. Jedes Nukleotid besteht aus einem Phosphat-Rest, dem Zucker Desoxyribose und einer von vier organischen Basen (Adenin, Thymin, Guanin und Cytosin, oft abgekürzt mit A, T, G und C).

Die Gene in der DNA enthalten die Information für die Herstellung der Ribonukleinsäuren (RNA, im Deutschen auch RNS). Eine wichtige Gruppe von RNA, die mRNA, enthält wiederum die Information für den Bau der Proteine (Eiweiße), welche für die biologische Entwicklung eines Lebewesens und den Stoffwechsel in der Zelle notwendig sind. Innerhalb der Protein-codierenden Gene legt die Abfolge der Basen die Abfolge der Aminosäuren des jeweiligen Proteins fest: Im genetischen Code stehen jeweils drei Basen für eine bestimmte Aminosäure.

In den Zellen von Eukaryoten, zu denen auch Pflanzen, Tiere und Pilze gehören, ist der Großteil der DNA im Zellkern als Chromosomen organisiert, ein kleiner Teil befindet sich in den Mitochondrien – den „Kraftwerken" – der Zellen. Pflanzen und Algen haben außerdem DNA in ihren Chloroplasten, den Photosynthese betreibenden Organellen. Bei Bakterien und Archaeen – den Prokaryoten, die keinen Zellkern besitzen – liegt die DNA im Cytoplasma. Manche Viren, die RNA-

Viren, haben keine DNA, sondern RNA, um die genetische Information zu speichern.

Im allgemeinen Sprachgebrauch wird die Desoxyribonukleinsäure überwiegend mit der englischen Abkürzung DNA bezeichnet; die parallel bestehende deutsche Abkürzung DNS wird hingegen seltener verwendet und ist laut Duden „veraltet".

1869 entdeckte der Schweizer Arzt Friedrich Miescher in einem Extrakt aus Eiter eine aus den Zellkernen der Lymphozyten kommende Substanz, die er Nuklein nannte. Miescher arbeitete damals im Labor von Felix Hoppe-Seyler im Tübinger Schloss.

1889 isoliert der Deutsche Richard Altmann aus dem Nuklein Proteine und die Nukleinsäure.

1896 entdeckt der Deutsche Albrecht Kossel in der Nukleinsäure die vier Basen A, C, T und G.

1919 identifizierte Phoebus Levene die Bestandteile der DNA (Base, Zucker und Phosphatrest). Levene schlug eine kettenartige Struktur der DNA vor, in welcher die Nukleotide durch die Phosphatreste zusammengefügt sind und sich stetig wiederholen.

Als wirksamer Bestandteil der Chromosomen bzw. des Kernchromatins wurde die DNA bereits 1932 von K. Voit und Hartwig Kuhlenbeck (1897–1984) angesehen.

1937 publizierte William Astbury erstmals Röntgenbeugungsmuster, die auf eine repetitive Struktur der DNA hinwiesen.

1943 wies Oswald Avery nach, dass die Transformation von Bakterien, das heißt die Weitergabe erblicher Information von einem Bakterien-Stamm auf einen anderen, auf der Übertragung von DNA beruht. Dies widersprach der damals allgemein favorisierten Annahme, dass nicht die DNA, sondern Proteine die Träger der Erbinformation seien. Unterstützung in seiner Interpretation erhielt Avery 1952, als Alfred Hershey und Martha Chase nachwiesen, dass DNA die Erbinformation des T2-Phagen enthält.

Der strukturelle Aufbau der DNA wurde erstmals 1953 von dem US-Amerikaner James Watson und dem Briten Francis Crick in ihrem berühmten Artikel „Molecular Structure of Nucleic Acids: A Structure for Deoxyribose Nucleic Acid" beschrieben. Watson kam 1951 nach England, nachdem er ein Jahr zuvor an der Indiana University Bloomington in den USA promoviert hatte. Er hatte zwar ein Stipendium für Molekularbiologie bekommen, beschäftigte sich aber vermehrt mit der Frage des menschlichen Erbguts. Crick widmete sich in Cambridge gerade erfolglos seiner Promotion über die Kristallstruktur des Hämoglobinmoleküls, als er 1951 Watson traf.

Zu dieser Zeit war bereits ein erbitterter Wettlauf um die Struktur der DNA entbrannt, an dem sich neben anderen auch Linus Pauling am California Institute of Technology beteiligte. Watson und Crick waren eigentlich anderen Projekten zugeteilt worden und besaßen kein bedeutendes Fachwissen in Chemie. Sie bauten ihre Überlegungen auf den Forschungsergebnissen der anderen Wissenschaftler auf.

Watson sagte, er wolle das Erbgut entschlüsseln, ohne Chemie lernen zu müssen. In einem Gespräch mit dem renommierten Chemiker und Ersteller der Chargaff-Regeln, Erwin Chargaff, vergaß Crick wichtige Molekülstrukturen, und Watson machte im selben Gespräch unpassende Anmerkungen, die seine Unkenntnis auf dem Gebiet der Chemie verrieten. Chargaff nannte die jungen Kollegen im Anschluss „wissenschaftliche Clowns".

Watson besuchte Ende 1952 am King's College in London Maurice Wilkins, der ihm DNA-Röntgenaufnahmen von Rosalind Franklin zeigte (was gegen den Willen von Franklin geschah). Watson sah sofort, dass es sich bei dem Molekül um eine Doppel-Helix handeln musste; Franklin selbst hatte aufgrund der Daten auch das Vorhandensein einer Helix vermutet, jedoch hatte sie kein überzeugendes Modell für die Struktur vorzuweisen.

Da bekannt war, dass die Purin- und Pyrimidin-Basen Paare bilden, gelang es Watson und Crick, die ganze Molekularstruktur herzuleiten. So entwickelten sie am Cavendish-Laboratorium der Universität Cambridge das Doppelhelix-Modell der DNA mit den Basenpaaren in der Mitte, das am 25. April 1953 in der Zeitschrift Nature publiziert wurde.

Diese denkwürdige Veröffentlichung enthält gegen Ende den Satz „It has not escaped our notice that the specific pairing we have postulated immediately suggests a possible copying mechanism for the genetic material". (Es ist unserer Aufmerksamkeit nicht entgangen, dass die spezifische Paarung, die wir als gegeben voraussetzen, unmittelbar auf einen möglichen Vervielfältigungsmechanismus für das Erbgut schließen lässt.)

„Für ihre Entdeckungen über die Molekularstruktur der Nukleinsäuren und ihre Bedeutung für die Informationsübertragung in lebender Substanz" erhielten Watson und Crick zusammen mit Maurice Wilkins 1962 den Nobelpreis für Medizin.

Rosalind Franklin, deren Röntgenbeugungsdiagramme wesentlich zur Entschlüsselung der DNA-Struktur beigetragen hatten, war zu diesem Zeitpunkt bereits verstorben und konnte daher nicht mehr nominiert werden.[51]

4.7 Dopamin

Dopamin (DA, Kunstwort aus DOPA und Amin) ist ein biogenes Amin aus der Gruppe der Katecholamine und ein wichtiger, überwiegend erregender Neurotransmitter. Es wird auch Prolaktostatin bzw. PIH (von Prolactin-Inhibiting Hormone) genannt.

---

[51] https://de.wikipedia.org/wiki/Desoxyribonukleins%C3%A4ure

Im Volksmund gilt es als Glückshormon. Die psychotrope Bedeutung des Dopamins wird allerdings hauptsächlich im Bereich der Antriebssteigerung und Motivation vermutet.

Dopamin wird auch als Arzneistoff verwendet, beispielsweise zur Behandlung des Herz-Kreislauf-Schocks.[52]

[52] https://de.wikipedia.org/wiki/Dopamin

5 Buchstabe E

5.1 Emotionale Intelligenz

Emotionale Intelligenz ist ein von John D. Mayer (University of New Hampshire) und Peter Salovey (Yale University) im Jahr 1990 eingeführter Terminus. Er beschreibt die Fähigkeit, eigene und fremde Gefühle (korrekt) wahrzunehmen, zu verstehen und zu beeinflussen.

Das Konzept der emotionalen Intelligenz beruht auf der Theorie der multiplen Intelligenzen von Howard Gardner, deren Kerngedanke bereits von Edward Lee Thorndike und David Wechsler als „soziale Intelligenz" bezeichnet wurde. Diesen verdeutlichte Thorndike schon 1920 mit einem Beispiel, wonach der (fachlich) beste Mechaniker als Vorarbeiter scheitern wird, wenn es ihm an sozialer Intelligenz fehlt.

Das Thema „emotionale Intelligenz" ist somit auch ein Beitrag zur Diskussion der Frage nach dem Erfolg im Leben und Beruf. Zu dessen Popularisierung hat insbesondere der US-amerikanische Journalist Daniel Goleman mit seinem Buch EQ. Emotionale Intelligenz (1995) beigetragen.

Manche Autoren stellen die emotionale Intelligenz als Gegensatz zum klassischen Intelligenzbegriff dar. Tatsächlich geht es um die Erweiterung der klassischen Vorstellung von Intelligenz, in der lediglich kognitive und rein akademische Fähigkeiten als Voraussetzung für den Erfolg im Leben betrachtet werden.

Daniel Goleman definiert den Begriff emotionale Intelligenz in Anlehnung an Salovey und Gardner durch die folgenden Fähigkeiten:

- Die eigenen Emotionen kennen

  Die eigenen Gefühle erkennen und akzeptieren, während sie auftreten. Diese Fähigkeit ist entscheidend für das Verstehen des eigenen Verhaltens und der eigenen Antriebe. (Hintergrund: Viele Menschen fühlen sich gegenüber ihren Gefühlen ausgeliefert, lehnen sie ab und bekämpfen oder vermeiden sie – statt sich der Tatsache bewusst zu sein, dass man Emotionen aktiv steuern kann.)

- Emotionen beeinflussen

  Gefühle so handhaben, dass sie der Situation angemessen sind (statt zu dramatisieren oder zu verharmlosen). Dazu gehört die Fähigkeit, sich selbst zu beruhigen und Gefühle der Angst, Gereiztheit, Enttäuschung oder Kränkung abzuschwächen und positive Gefühle zu verstärken. Dies hilft bei der Überwindung von Rückschlägen oder belastenden Situationen.

- Emotionen in die Tat umsetzen

  Emotionen so beeinflussen, dass sie bei der Erreichung von Zielen helfen. Dies ist der Kern der Selbstmotivation und fördert die Kreativität sowie die Häufigkeit von Erfolgserlebnissen. Dazu gehört auch, dass jemand in der Lage ist, kurzfristige (emotionale) Vorteile und Verlockungen hinauszuschieben (Belohnungsaufschub) und impulsive Reaktionen zu unterdrücken. Diese längerfristige Perspektive ist die Grundlage jeglichen Erfolges.

- Empathie

Dies ist die Grundlage aller Menschenkenntnis und das Fundament zwischenmenschlicher Beziehungen. Ein Mensch, der erkennt, was andere fühlen, kann viel früher die oftmals versteckten Signale im Verhalten Anderer erkennen und herausfinden, was sie brauchen oder wollen. Allerdings weist auch Goleman in anderen Texten darauf hin, dass andererseits auch erkennbar wird, wie sie negativ beeinflussbar sind (leadership ability). Empathie ist also eine wertneutrale Fähigkeit - sie kann individuell positiv oder auch negativ empfundene Wirkung haben. Lediglich gesamtgesellschaftlich betrachtet ist Empathie die Basis erfolgreicher humaner Gesellschaften, es entsteht eine Emergente Ordnung.

- Umgang mit Beziehungen

Diese Fähigkeit oder Kunst der Gestaltung von Beziehungen besteht im Wesentlichen im Umgang mit den Gefühlen anderer Menschen. Es ist die Grundlage für eine reibungslose Zusammenarbeit in nahezu allen beruflichen Umfeldern. Es ist zugleich die Voraussetzung für Beliebtheit, Wertschätzung und Integration in eine Gemeinschaft, andererseits aber auch für leadership ability (Goleman), also eine Fähigkeit, die positiv wirken, jedoch auch zur Manipulation dienen kann.

Zur Operationalisierung und Messung der emotionalen Intelligenz in enem Test haben Salovey und Mayer dieses Konzept in vier Bereiche gegliedert:

- Wahrnehmung von Emotionen

  Fähigkeit, Emotionen in Mimik, Gestik, Körperhaltung und Stimme anderer Personen wahrzunehmen.

- Nutzung von Emotionen

  Wissen über die Zusammenhänge zwischen (eigenen und fremden) Emotionen und Gedanken, welches z.B. zum Problemlösen eingesetzt wird.

- Verstehen von Emotionen

  Fähigkeit, Emotionen zu analysieren, die Veränderbarkeit von Emotionen einzuschätzen und die Konsequenzen derselben zu verstehen.

➢ Beeinflussung von Emotionen

Die Beeinflussung von Emotionen erfolgt auf Basis der Ziele, des Selbstbildes und des sozialen Bewusstseins des Individuums und beinhaltet z.B. die Fähigkeiten, Gefühle zu vermeiden oder gefühlsmäßige Bewertungen zu korrigieren (Mayer, Salovey, Caruso, 2004).[53]

5.2 Emotional Inductions

Der von Thomas a. M. Windelschmidt eingeführte Begriff Emotional Inductions beschreibt wörtlich ein emotionales Herbeiführen, z.B. von Bildern und Erinnerungen.

Erfahrungen und Situationen, insbesondere wenn sie als negativ oder sogar traumatisch empfunden wurden, werden oftmals „tief im Keller des Unterbewussten" abgelegt, damit man sich gerade nicht an sie erinnern kann oder muss. Diese häufig mit einem Trigger versehenen „Erlebnisse" können über eine „bewusste" Herangehensweise häufig gar nicht oder nur sehr langwierig und schwierig ins Bewusstsein erinnert werden.

Wenn man es schafft, auf der Gefühlsebene in einer tiefen Entspannung das Unterbewusste davon zu „überzeugen", dass dieses „Verschließen der negativen Erfahrung im tiefs-

[53] https://de.wikipedia.org/wiki/Emotionale_Intelligenz

ten Kellergewölbe" unnötig ist, besteht die Chance, die „verbarrikadierten" Bilder ins Bewusstsein zu „hieven", ihnen einen neuen Rahmen zu geben (Reframing) und es dem Bewusstsein zu ermöglichen, eine neue positive Bewertung zuzulassen.

5.3 Empathie

Empathie bezeichnet die Fähigkeit und Bereitschaft, Empfindungen, Gedanken, Emotionen, Motive und Persönlichkeitsmerkmale einer anderen Person zu erkennen und zu verstehen. Zur Empathie wird gemeinhin auch die Fähigkeit zu angemessenen Reaktionen auf Gefühle anderer Menschen, wie zum Beispiel Mitleid, Trauer, Schmerz und Hilfsbereitschaft aus Mitgefühl gezählt. Die neuere Hirnforschung legt allerdings eine deutliche Unterscheidbarkeit des empathischen Vermögens vom Mitgefühl nahe.

Grundlage der Empathie ist die Selbstwahrnehmung; je offener eine Person für ihre eigenen Emotionen ist, desto besser kann sie auch die Gefühle anderer deuten.

Empathie spielt in vielen Wissenschaften und Anwendungsbereichen eine fundamentale Rolle, von der Kriminalistik über die Politikwissenschaft, Psychotherapie, Psychologie, Physiologie, Physiotherapie, Pädagogik, Philosophie, Sprachwissenschaft, Medizin und Psychiatrie bis hin zum Management oder Marketing.

Das altgriechische Wort ἐμπάθεια (empátheia) basiert auf der Wurzel path-, dt. „leiden, fühlen" (das Verb dazu lautet πάσχειν [páskhein]). Es bedeutet allerdings „intensive Gefühlsregung, Leidenschaft" und entwickelt auf dem Weg zum Neugriechischen die Bedeutungen „Voreingenommenheit, Feindseligkeit, Gehässigkeit". Von diesem griechischen Wort liegt also nur der Ausdruck, nicht aber der Inhalt dem modernen Terminus Empathie zugrunde.

Das griechische συμπάθεια (sympátheia) „Sympathie" ist wie das deutsche Mitgefühl gebildet, nämlich aus syn „mit" und path- „leiden, fühlen" plus Wortbildungssuffix zusammengesetzt. Analog dazu wurden im 19. Jahrhundert aus griech. en „(dr)in" und path- als Lehnübersetzung von dt. Einfühlung die griechisch-basierten Termini dt. Empathie und engl. empathy neugebildet, um internationale Fachtermini zu schaffen.

Die Geschichte dieser Termini ist noch ungeklärt. Der deutsche Philosoph Rudolf Hermann Lotze (1817–1881) verwendete den Ausdruck Empathie erstmals 1848

Theodor Lipps entwarf 1902 eine Theorie der „Einfühlung" als „intrapsychischen Prozess". Er verfolgte die These von einem menschlichen Zwang zu motorischer Nachahmung.

Edward B. Titchener verwendete 1909 erstmals den Ausdruck empathy, als er den „wahren" Sinn des Wortes Einfühlung in Werken von Theodor Lipps richtig übersetzen wollte. Das gleiche geschah noch einmal, als das Ehepaar Alix und James Strachey (1887–1967) den Ausdruck Einfühlung in den Werken von Sigmund Freud ins Englische zu übersetzen hatte. Das deutsche Empathie kann dann – mit oder ohne Kenntnis von Lotzes Verwendung – als Entsprechung zu engl. empathy gebildet worden sein.

Nach Paul Ekman handelt es sich weder bei Empathie (Mitgefühl) noch bei Mitleid um Emotionen, sondern um Reaktionen auf die Emotion eines anderen Menschen. Ferner unterscheidet Ekman zwischen kognitiver und emotionaler Empathie: „Kognitive Empathie lässt uns erkennen, was ein anderer fühlt. Emotionale Empathie lässt uns fühlen, was der andere fühlt, und das Mitleiden bringt uns dazu, dass wir dem anderen helfen wollen ...".

Arthur Ciaramicoli unterscheidet zwischen authentischer Empathie und funktionaler Empathie. Letztere hat manipulative bzw. ausbeuterische Ziele von Werbung bis hin zu Sadismus, z.B. Missbrauch, Folter usw.

Leonardo Badea bezeichnet Empathie als eine Fähigkeit, die in nahezu allen Lebensbereichen entscheidend für den Erfolg ist. Menschen und vor allem Führungskräfte mit besonders ausgeprägten empathischen Fähigkeiten haben bessere persönliche Beziehungen, können sich selbst und andere stärker motivieren; sie lernen schneller und genießen ein größeres Vertrauen.

Nach Lawrence Shaw, Elizabeth Segal, sowie Tharrenos Braitsis, und Co-Autoren kann man drei Formen der Empathie unterscheiden: emotionale (affektive), kognitive und soziale Empathie. Emotionale Empathie ist die Fähigkeit, das

Gleiche zu empfinden wie andere Menschen (Mitgefühl); man nennt sie auch emotionale Sensitivität. Die kognitive Empathie ist vergleichbar mit der Theory of Mind; es ist die Fähigkeit, nicht nur Gefühle, sondern auch Gedanken und Absichten anderer Menschen zu verstehen und daraus korrekte Schlussfolgerungen zu ihrem Verhalten abzuleiten. Bei der sozialen Empathie handelt es sich um die Fähigkeit, komplexe soziale Situationen (Systeme) mit Menschen unterschiedlicher Kulturen, Charaktereigenschaften und Werthaltungen zu verstehen, um mit ihnen konstruktiv kommunizieren zu können.

Für die neuere Hirnforschung behauptet die Neurowissenschaftlerin Tania Singer eine messbare Differenz zwischen „Empathie" und „Mitgefühl". Ihre „Schmerzempathie-Experimente" zeigen, dass das empathische Miterleiden von fremdem Schmerz von einem anderen neuronalen Netzwerk verarbeitet wird, als das aktiv-wohlwollende Mitgefühl: „Empathie ist eher wie eine Resonanzfähigkeit – man teilt ein Gefühl mit einem anderen Menschen, ist aber der Gefahr ausgesetzt, überwältigt zu werden und in empathischen Stress zu geraten.

Mitgefühl dagegen hat eine andere Qualität. Es hat etwas von der Fürsorge einer Mutter, die ihr Kind tröstet und ist verbunden mit positiven, beruhigenden und liebevollen Gefühlen." Während die spontane Empathie mit dem Leid Anderer zu emotionaler Erschöpfung führen kann, ist unter den gleichen Umständen das aktive Mitgefühl belohnend und trainierbar.

Ähnlich argumentiert auch der amerikanische Psychologe Paul Bloom. „Empathie heißt: Ich fühle das, was ein anderer Mensch fühlt. Mitgefühl bedeutet: Ich kümmere mich um den anderen, ich sorge für ihn." Das Mitgefühl („compassion") sei Ausdruck der Vernunft, die zwischen dem spontanen, distanzlosen Mitempfinden und dem kalt-distanzierten Verstand vermittelt.

In der Psychotherapie bedeutet Empathie eine Strategie der Stimmungsübertragung vom Patienten auf den Therapeuten. Dadurch ist es dem Therapeuten möglich, die Emotionen und die Stimmung des Patienten bei sich selbst zu erleben und somit besser zu verstehen. Es ist ein aktiver Prozess des einfühlenden Verstehens. Dieser ist notwendig, weil Patienten belastende Emotionen in der Regel leugnen, ablehnen, bekämpfen oder vermeiden. Der Therapeut muss daher eine korrigierende, akzeptierende und wertschätzende Haltung einnehmen, damit er die belastenden Emotionen besser nachvollziehen und geeignete therapeutische Maßnahmen effektiver einleiten kann.[54]

5.4 Endogen

Der Begriff endogen (altgriechisch endogen, deutsch ‚im Inneren erzeugt') bedeutet, dass etwas aus inneren Ursachen entsteht oder aus dem Inneren eines Systems heraus nach

[54] https://de.wikipedia.org/wiki/Empathie

innen oder außen wirkt. Das Gegenteil ist exogen. Diese Begriffe finden in verschiedenen Wissenschaften Verwendung:

Die Medizin spricht von endogenen Stoffen, Krankheiten oder Krankheitserregern, wenn diese im Innern des Lebewesens entstehen.

In der Psychiatrie stellen die endogenen Psychosen eine systematische Sammelbezeichnung dar für Krankheiten, die weniger durch äußere Einflüsse als vielmehr durch die innere Konstitution verursacht sind.

Die Psychologie spricht von endogenen Faktoren oder Prozessen, wenn diese aus der psychischen Veranlagung eines Individuums heraus entstehen.[55]

5.5 Endorphin

Endorphine sind körpereigene Opioidpeptide, die in der Hypophyse und im Hypothalamus von Wirbeltieren produziert werden. Endorphine entstehen als Zerlegungsprodukte dreier Präkursor-Proteine – es werden nämlich

- Proenkephalin-A in verschiedene Enkephaline
- Proenkephalin-B in Dynorphine

[55] https://de.wikipedia.org/wiki/Endogen

➢ Proopiomelanocortin unter anderem in α/β/γ/σ-Endorphin und Met-Enkephalin

zerlegt. Das Wort Endorphin ist eine Wortkreuzung aus endogenes Morphin mit der Bedeutung ‚ein vom Körper selbst produziertes Opioid'.

Endorphine regeln Empfindungen wie Schmerz (Analgesie) und Hunger. Sie stehen in Verbindung mit der Produktion von Sexualhormonen und werden mitverantwortlich gemacht für die Entstehung von Euphorie.

Das Endorphinsystem wird unter anderem in Notfallsituationen aktiviert. Bisher wurde angenommen, dass die Endorphinausschüttung der Grund sei, warum manche schwer verletzte Menschen zunächst keine Schmerzen verspüren.

Neuere Erkenntnisse weisen darauf hin, dass das aus der Hypophyse in die freie Blutbahn freigesetzte beta-Endorphin (1-31) zwar an Opioidrezeptoren bindet, aber keine Analgesie vermittelt. Dies schließt aber nicht aus, dass beta-Endorphin (1-31) in anderen Medien (Liquor, Geweben) eine analgetisch wirkende Komponente besitzen könnte (es konnte bisher noch nicht explizit gezeigt werden).

Bestimmte körperliche Anstrengungen (siehe Runner's High) und Schmerzerfahrungen können möglicherweise durch die Ausschüttung von Endorphinen ein Glücksempfinden hervorrufen. Diese Wirkung ist inzwischen medizinisch anerkannt, wenn auch individuell höchst unterschiedlich erlebt.[56]

5.6 Enzym

Ein Enzym, früher Ferment, ist ein Stoff, der aus biologischen Riesenmolekülen besteht und als Katalysator eine chemische Reaktion beschleunigen kann. Fast alle Enzyme sind Proteine, eine Ausnahme bildet die katalytisch aktive RNA, wie z. B. snRNA. Ihre Bildung in der Zelle erfolgt daher, wie auch bei anderen Proteinen, über Proteinbiosynthese an den Ribosomen.

Enzyme haben wichtige Funktionen im Stoffwechsel von Organismen: Sie steuern den überwiegenden Teil biochemischer Reaktionen – von der Verdauung bis hin zur Transkription (RNA-Polymerase) und Replikation (DNA-Polymerase) der Erbinformationen.

Die gezielte Nutzung von Enzymen durch Bakterien und Hefe ist mehrere tausend Jahre alt; so ist bekannt dass die Sumerer bereits 3000 v.Chr. Bier brauten, Käse herstellten und Brot backten. Aus dem Nutzen von Hefe zur Herstellung von Alkohol und Brot entstand die Bezeichnung "Fermentation", ohne die Kenntnis der Existenz und Wirkung von Bakterien oder Enzymen.

---

[56] https://de.wikipedia.org/wiki/Endorphine

Der Begriff Ferment resp. Fermentation erhielt im 15. Jahrhundert Einzug in die deutsche Sprache und leitet sich aus dem lateinischen fermentum entstandenen Ausdruck Ferment her. Er bedeutet „Gärungsmittel" oder „Sauerteig" und wurde auch für Fermenter, Fermentation und abgeleitete Begriffe verwendet.

Die erste unmittelbare Nutzung von Enzymen ohne die Mitbeteiligung von Mikroorganismen erfolgte durch den deutschen Apotheker Constantin Kirchhoff im Jahre 1811, als er entdeckte, dass man durch Erhitzen von Stärke unter Beigabe von Schwefelsäure größere Mengen Zucker herstellen kann.

Der französische Chemiker Anselme Payen verfeinerte 1833 den Prozess; da man zu dieser Zeit annahm, dass man den Zucker lediglich von der Stärke trenne, bezeichnete man diesen Prozess als „Diastase" (griechisch für trennen); heute wird der Begriff „Diastase" synonym zu Amylase verwendet.

Es folgte die Entdeckung von Erhard Friedrich Leuchs im Jahre 1831, dass der menschliche Mundspeichel Stärke scheinbar verzuckere. 1833 wurde von Eilhard Mitscherlich der Begriff „Ferment" im Zusammenhang mit einem Stoff gebraucht, der bei einer Reaktion nicht verwandelt wird, aber zum Kontakt für eine Reaktion erforderlich ist.

1835 wurde die Diastase vom schwedischen Chemiker Jöns Jakob Berzelius als chemischer Prozess mit der Einwirkung von katalytischen Kräften vermutet.

Erst 1837 entdeckten drei Wissenschaftler (C. Cagniard de la Tour, T. Swann und F. Kuetzing) unabhängig voneinander, dass Hefe aus Mikroorganismen besteht.

Louis Pasteur wies 1862 nach, dass Mikroorganismen für die Fermentation verantwortlich sind; er schlussfolgerte, dass die Fermentation durch eine vitale Kraft erfolge, die in der Schimmelzelle vorhanden sei, welche er „Fermente" nannte, die nicht mit dem Tod der Schimmelzelle an Wirkung verlieren.

1878 führte Wilhelm Friedrich Kühne das heutige neoklassische Kunstwort Enzym (griechisch ἔνζυμον énzymon) ein, abgeleitet von ἐν- en-, „in-", und ζύμη zýmē, welches ebenfalls „der Sauerteig" oder „die Hefe" bedeutet, der Sinn ist daher „das in Sauerteig/Hefe Enthaltene" (nämlich der die Gärung auslösende oder beeinflussende Stoff). Dieser Begriff hielt dann Einzug in die internationale Wissenschaft und ist nun auch Bestandteil der neugriechischen Sprache.

Einen weiteren Meilenstein stellen die Untersuchungen zur Enzymspezifität von Emil Fischer dar. Er postulierte um 1890 dass Enzyme und ihr Substrat sich wie ein Schloss und der passende Schlüssel verhalten.

1897 entdeckte Eduard Buchner anhand der alkoholischen Gärung, dass Enzyme auch ohne die lebende Zelle katalytisch wirken können; 1907 erhielt er für den Nachweis einer Zell-freien Fermentation den Nobelpreis.

Der deutsche Chemiker Otto Röhm isolierte 1908 erstmals Enzyme und entwickelte Verfahren zur enzymatischen Ledergerbung, Fruchtsaftreinigung sowie eine Reihe diagnostischer Anwendungen.

Anfang des 20. Jahrhunderts war die chemische Komposition von Enzymen noch unbekannt. Man vermutete, dass Enzyme aus Protein bestehen und ihre enzymatische Aktivität mit ihrer Struktur assoziiert sei, andere Wissenschaftler wie Richard Willstätter argumentierten jedoch dass Proteine nur Träger der „echten Enzyme" wären und von sich aus unfähig wären eine katalytische Reaktion einzuleiten.

James B. Sumner zeigte 1926, dass das Enzym Urease ein pures Protein ist und war fähig, es zu kristallisieren.

Die letzten Zweifel zur Komopsition von Enzymen wurden von John H. Northop und Wendell M. Stanley ausgeräumt, als diese 1930 nachwiesen, dass Pepsin, Trypsin und Chymotrypsin aus purem Protein bestehen. Northrop und Stanley erhielten dafür 1946 den Nobelpreis für Chemie.

Die Erkenntnis, wie man Enzyme kristallisiert, erlaubte es den Forschern nun, durch Kristallstrukturanalyse die Struktur und die Funktionsweise von Enzymen auf atomarem Level aufzuklären.

Forscher wie Leonor Michaelis und Maud Menten leisteten Pionierarbeit in der Erforschung der Enzymkinetik.[57]

---

[57] https://de.wikipedia.org/wiki/Enzym

5.7 Epigenetik

Die Epigenetik (altgr. ἐπί epi ‚dazu', ‚außerdem' und Genetik) ist das Fachgebiet der Biologie, welches sich mit der Frage befasst, welche Faktoren die Aktivität eines Gens und damit die Entwicklung der Zelle zeitweilig festlegen. Sie untersucht die Änderungen der Genfunktion, die nicht auf Mutation beruhen und dennoch an Tochterzellen weitergegeben werden.

Grundlage sind Veränderungen an den Chromosomen, wodurch Abschnitte oder ganze Chromosomen in ihrer Aktivität beeinflusst werden. Man spricht auch von epigenetischer Veränderung bzw. epigenetischer Prägung. Die DNA-Sequenz wird dabei jedoch nicht verändert. Die Veränderungen können in einer DNA-Methylierung, in einer Modifikation der Histone oder im beschleunigten Abbau von Telomeren bestehen. Diese Veränderungen lassen sich im Phänotyp, aber nicht im Genotyp (DNA-Sequenz) beobachten.

Epigenetisch sind alle Prozesse in einer Zelle, die als „zusätzlich" zu den Inhalten und Vorgängen der Genetik gelten. Conrad Hal Waddington hat den Begriff Epigenetik erstmals benutzt. Im Jahr 1942 (als die Struktur der DNA noch unbekannt war) definierte er Epigenetik als the branch of biology which studies the causal interactions between genes and their products which bring the phenotype into being („der Zweig der Biologie, der die kausalen Wechselwirkungen zwischen Genen und ihren Produkten, die den Phänotyp hervorbringen, untersucht").

Zur Abgrenzung vom allgemeineren Konzept der Genregulation sind heutige Definitionen meist spezieller, zum Beispiel: „Der Begriff Epigenetik definiert alle meiotisch und mitotisch vererbbaren Veränderungen in der Genexpression, die nicht in der DNA-Sequenz selbst codiert sind."

Andere Definitionen, wie die von Adrian Peter Bird, einem der Pioniere der Epigenetik, vermeiden die Einschränkung auf generationsübergreifende Weitergabe. Epigenetik beschreibe „die strukturelle Anpassung chromosomaler Regionen, um veränderte Zustände der Aktivierung zu kodieren, zu signalisieren, oder zu konservieren."[58]

5.8 Erfolgsblockade

Oftmals verhindern tief im Unterbewussten befindliche Glaubenssätze oder Blockaden unterschiedlichster Art, die sich im Lauf der Entwicklung und Prägung manifestiert haben, die Verwirklichung von Erfolg. Wenn Sie z.B. in Ihrem Bewusstsein darauf fokussiert sind, dass Sie erfolgreich sind und Ihr Einkommen wächst, aber in Ihrem Unterbewussten ein Glaubenssatz oder eine Blockade liegt, die da sagt „Geld ist schlecht und du wirst es nicht schaffen", dann ist meist alle Mühe vergebens. Der im Unterbewussten liegende Glaubenssatz wird als Erfolgsblockade wirken.

[58] https://de.wikipedia.org/wiki/Epigenetik

5.9 Ericksonsche Intervention

Ericksons Interventionen waren als gezielt eingesetzte Verhaltensweisen in der therapeutischen Begegnung von höchst komplexer und inkonsistenter Art: Je nach individueller Eigenart seiner Patienten, den Erfordernissen ihrer Lebenssituation, des Therapieprozesses und der therapeutischen Zielsetzung intervenierte er mit direkten, autoritären Befehlen oder überzeugend gespielter Hilflosigkeit, mit offener oder verdeckter Hypnoseinduktion, mit gröbsten Beleidigungen oder sanfter Einfühlung, mit unverblümt-provozierender, direkter Benennung peinlicher Inhalte oder mit subtilst ausgefeilten Metaphern, um eine direkte Benennung zu vermeiden – verbunden mit geschickten Ablenkungs- und Konfusionsmanövern, um den Patienten nicht zu früh die Isomorphie der Metaphern und ihrer Problemsituation bewusst werden zu lassen.

Zum Repertoire seiner therapeutischen Fertigkeiten – in diesem Rahmen kann eine Aufzählung nur lückenhaft sein (vgl. Erickson 1980; Erickson, Rossi und Rossi 1978; Erickson, Rossi 1979; Zeig 1980; Bandler, Grinder 1975b, 1977; Gordon 1978; Haley 1978a, b) gehörte ferner: unzählige Variationen willkürlich gesteuerter analogischer Kommunikationen zur speziellen Qualifizierung (Haley 1978a) verbaler Botschaften, wie z.B. Tempo- und Intonationswechsel in seinen verbalen Äußerungen, gezielt eingesetzte minimale Körperbewegungen und Haltungsveränderungen und ein reichhaltiges Arsenal spezieller, meist sehr subtil und indirekt eingesetzter hypnotischer Techniken, die er durch die Jahrzehnte hindurch in unzähligen klinischen und experimentellen hypnotischen Sitzungen entwickelt und verfeinert hat.

Vergleicht man diesen enormen Verhaltensspielraum, den sich Erickson in seinen Therapien zugestand, mit den eher ritualistischen, standardisiert-routinemäßigen Interventionsformen traditioneller Psychotherapie, wie der Psychoanalyse und ihrer Derivate (Gesprächspsychotherapie, Gestalttherapie etc., so werden wichtige Unterschiede in ihren jeweils zugrundeliegenden Epistemologien deutlich.

Während sich der Therapeut traditioneller Orientierungen in seiner Beziehung zum Patienten eher als mehr oder weniger teilnehmender Beobachter und Katalysator ohne direkten Einfluss definiert – sei es auf folgenschwere Entscheidungen in der Lebenssituation des Patienten oder darauf, worüber in den nächsten Minuten der Sitzung gesprochen werden soll -, war die „Manipulation" für Erickson nicht suspekt oder verwerflich, sondern im Gegenteil ein wünschenswerter, sogar unvermeidlicher Bestandteil therapeutischen Handelns. Er hielt es für völlig abwegig zu glauben, man könne sich über Monate oder Jahre hinweg mit einem Patienten treffen, ohne ihn irgendwie zu beeinflussen, und definierte die Psychotherapie ganz eindeutig als Kunst der Manipulation. Hinsichtlich der Fertigkeiten, die zu dieser Kunst gehören, hatte er an sich selbst und an seine Schüler hohe Erwartungen. Sie bezogen sich in erster Linie auf zwei Bereiche von Fertigkeiten und Fähigkeiten, die seiner Meinung nach das Repertoire eines guten Therapeuten ausmachen: zum einen soll der Therapeut genauestens beobachten können und zum anderen über eine möglichst breite Skala von Möglichkeiten verfügen, sich dem Patienten gegenüber zu präsentieren.

Erickson beobachtet seine Patienten, Schüler, hypnotischen Versuchspersonen und überhaupt jeden (Haley 1980b) peinlichst genau. Ihm entgingen weder kleinste, unwillkürliche körpersprachlich-analoge Bewegungen seines Gegenüber, wie z. B. das eine verbale Ja-Antwort qualifizierende, nur ganz eben angedeutete ideomotorische Kopfschütteln, noch minimale Hinweise auf physiologische Veränderungen (Hautfärbung, Muskeltonus, Atem- und Pulsfrequenz) – Informationen, die er niemals per Meta-Kommunikation in das Bewusstsein der Patienten hob, sondern in seinen Interventionen und Strategien als Möglichkeit der direkten Kommunikation mit dem Unbewussten utilisierte (siehe unten). Wie Haley berichtet (1980b), sagte Erickson einmal einer Frau, die er unterwegs traf, auf den Kopf zu: „Sie sind schwanger, nicht wahr?" „Ja," sagte die Frau total verdutzt, denn sie selbst wusste es erst seit einigen Minuten. „Woher wissen Sie's?" „Die Färbung ihrer Stirn hat sich verändert." – Wäre es eine Patientin gewesen, hätte Erickson dieses Wissen für sich behalten und es in eine Veränderungsstrategie eingebaut.

Zusätzlich zu dieser eher auf die Merkmale von Individuen bezogenen Beobachtungsgabe verfügte Erickson, der in seinem Denken und Handeln wohl einer der ersten Systemtherapeuten war (Haley 1980b; Watzlawick 1980b), über einen ausgesprochen diagnostischen Scharfblick in Bezug auf Interaktionsmerkmale und Systemeigenschaften in ihrer

Relevanz sowohl für die Ausformung individueller Symptome als auch für die Induktion von Trancezuständen und therapeutischen Veränderungen.

Der zweite Bereich therapeutischer Fertigkeiten und Fähigkeiten, die Erickson seinen Schülern und sich selbst abverlangte, betraf das Handeln des Therapeuten, sein aktives Eingreifen und Eintreten in das Leben seiner Patienten. Die oben skizzierte Variationsbreite seiner Interventionen soll im Anschluss an diese eher grundlegenden Betrachtungen mit Hilfe einiger Fallgeschichten exemplifiziert werden, die Ericksons Umgang mit Patienten im Widerstand demonstrieren.

Erickson hat stets „geübt" (Haley 1980b), um seine Fähigkeiten zu erhalten und zu vervollkommnen, mit denen er Menschen unter Umgehung ihres Bewusstseins (und demzufolge ihres bewussten Widerstandes) in ihrem Verhalten beeinflusste. So stellte er sich als „Freizeitbeschäftigung" bestimmte Aufgaben und wandte dann seinen ganzen Ehrgeiz auf, um sie zu erfüllen. Zum Beispiel konnte er auf einer langweiligen Party Stunden damit verbringen, jemanden zu veranlassen, sich von einem Stuhl auf einen anderen zu setzen, ohne ihn direkt, d. h. explizit-verbal darum zu bitten.

Das Zusammenwirken dieser beiden Aspekte der Psychotherapie Ericksons, die exakte Beobachtung und der enorm breite Spielraum manipulierender Interventionen, veranlassen Haley, seinen psychotherapeutischen Ansatz einen experimentellen zu nennen: „Wenn ich dies tue, wie wird sich die Person verhalten – und verhält sich eine andere Person anders?" (Haley 1967a).

Die Bereitschaft Ericksons, sein eigenes Verhalten – sein therapeutisches Procedere – immer wieder, entsprechend den individuellen Eigenarten seiner Patienten, dem Therapieprozess und den jeweiligen kurz-, mittel- oder langfristig angesteuerten Therapiezielen drastisch zu verändern, korrespondiert in ihrem Kontrast zu der eher rigidisierend-einschränkenden traditionellen Behandlungsmethodik mit einer weiteren Besonderheit seines Vorgehens: Erickson übernahm eindeutig – vor sich selbst und vor den Patienten – die Verantwortung für das Stattfinden der erwünschten Veränderungen. Während viele seiner Berufskollegen, auf dem Hintergrund ihrer traditionellen Orientierung, lange ausbleibende Veränderungen als klaren Beweis dafür ansahen, dass der Patient noch viel „durchzuarbeiten" habe oder dass „seine Vergangenheit noch nicht ausreichend durchleuchtet und tiefergehende Therapie noch vonnöten ist" (Watzlawick 1980b), fühlte sich Erickson für die Veränderungen des Patienten ebenso verantwortlich wie für ihr Ausbleiben.

Im Falle des letzteren sagte Erickson, wie Haley (1980b) sich erinnert, häufig und mit grimmigem Unterton: „This case is still defeating me" („dieser Fall besiegt mich immer noch") – eine Bemerkung, die nicht zufällig sehr viel Ähnlichkeit mit der entpersönlichten „Spiel-gegen-das-System"-Metapher Selvinis (1978) hat, denn ausbleibende Veränderungen werden nicht dem Patienten angelastet, sondern dem Therapeuten: „Was habe ich nicht wahrgenommen und was war infolgedessen die falsche Intervention?"

Die bis hierher dargestellten epistemologischen Abweichungen des Erickson'schen von den traditionellen psychotherapeutischen Ansätzen erhalten ihre Logik erst durch eine weitere Abweichung: Erickson hat die Hauptprämisse traditioneller Veränderungsbemühungen als Grundlage für sein therapeutisches Handeln in ihr Gegenteil verkehrt, nämlich die, dass Veränderungen dann eintreten, wenn dem Patienten zu ausreichender Einsicht in die Genese seiner Probleme und Symptome in der Vergangenheit und in seine gegenwärtige internale Dynamik verholfen worden ist.

In keiner einzigen der mündlich oder schriftlich überlieferten „Fallanekdoten" Ericksons sind – im weitesten Sinne – bewusstseinserhellende Interventionen zu finden, wie etwa: „Ist Ihnen aufgefallen, dass Sie Ihren Ehemann häufig dann erwähnen, wenn Sie vorher von Ihrem Vater gesprochen haben?" oder: „Mir fällt auf, dass Sie mit dem Kopf schütteln, wenn Sie über Ihre positive Einstellung zu Ihrer Frau sprechen." Nach Haleys Einschätzung (1980b) hat sich Erickson schon in den 40er Jahren, nachdem er ausgiebig mit Phänomenen wie „Es-liegt-mir-auf-der-Zunge", Träume, Verdrängungen, Anamnese und anderen Manifestationen unbewusster Dynamik experimentiert hatte, von der Vorstellung distanziert, dass die Gewinnung von Einsicht in irgendeiner Form relevant für Veränderungen sei.

Erickson vertrat nicht nur die Auffassung, dass einsichtsfördernde Interventionen keine Veränderungen hervorbringen, sondern dass z.B. Interpretationen der internalen Dynamik Veränderungen sogar verhindern können. Er zog es vor, seine Patienten außerhalb ihres Bewusstseins zu verändern, d.h. er strebte Veränderungen sowohl in der Erlebens- und Verhaltensstruktur seiner Patienten an, als auch einen Strukturwandel in ihren Interaktionsmustern mit Beziehungspartnern (Systemveränderungen in ihrem sozialen Atom) und Veränderungen in ihrem beruflichen und gesellschaftlichen Dasein. Dabei ist es für den Prozess der Veränderung irrelevant, ob es dem Patienten überhaupt oder, wenn ja, wann es ihm im nachherein klar wird, wie es dazu gekommen ist, dass er sich verändert hat, und aufgrund welcher zwingenden Betrachtungsweise und folgerichtigen Deduktion sich seine überwundenen Schwierigkeiten aus der Struktur seiner Lebensgeschichte herleiten lassen. Watzlawick (1980b) bringt diese grundlegende und für die Kommunikationstherapie ebenso geltende Prämisse des Erickson'schen Ansatzes auf den kurzen Nenner: „Action precedes understanding" („die Handlung geht dem Verstehen voraus").[59]

5.10 Esoterik

Esoterik (von altgriechisch ἐσωτερικός esōterikós ‚innerlich', ‚dem inneren Bereich zugehörig') ist in der ursprünglichen Bedeutung des Begriffs eine philosophische Lehre, die nur für einen begrenzten „inneren" Personenkreis zugänglich ist, im Gegensatz zu Exoterik als allgemein zugänglichem Wissen. Andere traditionelle Wortbedeutungen beziehen sich

---

[59] http://www.nlp.at/das-konzept-widerstand-in-der-psychotherapie-milton-ericksons-in-der-kommunikationstherapie-und-im-neurolinguistischen-programmieren/

auf einen inneren, spirituellen Erkenntnisweg, etwa synonym mit Mystik, oder auf ein „höheres", „absolutes" und arkanes, althergebrachtes Wissen.

Im populären Sprachgebrauch versteht man unter Esoterik vielfach „Geheimlehren". Ebenfalls sehr gebräuchlich ist der Bezug auf „höhere" Erkenntnis und auf Wege, welche zu dieser führen sollen. Des Weiteren wird das Adjektiv „esoterisch" häufig abwertend im Sinne von „unverständlich" oder „versponnen" verwendet.

Das altgriechische Adjektiv esoterikos ist erstmals im 2. Jahrhundert bezeugt: bei Galen, der bestimmte stoische Lehren so bezeichnet, und in einer Satire des Lukian von Samosata, wo sich „esoterisch" und „exoterisch" auf zwei Aspekte der Lehren des Aristoteles beziehen (von innen oder von außen betrachtet). Weit älter ist der Gegenbegriff „exoterisch": Schon Aristoteles (384–322 v. Chr.) nennt seine propädeutischen, für Fachfremde und Anfänger geeigneten Kurse „exoterisch" (nach außen hin gerichtet) und grenzt sie so vom streng wissenschaftlichen philosophischen Unterricht ab. Erst Cicero (106–43 v. Chr.) bezieht den Begriff „exoterisch" auf eine bestimmte Gattung von Schriften des Aristoteles und der Peripatetiker, nämlich die „volkstümlich geschriebenen", für die Öffentlichkeit bestimmten Werke (literarische Dialoge) im Gegensatz zu den nur für internen Gebrauch in der Schule geeigneten Fachschriften; die letzteren nennt er aber nicht „esoterisch". Im Sinne dieser von Cicero getroffenen, nicht auf Aristoteles selbst zurückgehenden Einteilung des Schrifttums werden noch heute in der Altertumswissenschaft die „exoterischen" von den „esoterischen"

Schriften des Aristoteles unterschieden. Die „esoterischen" Schriften enthalten keine Geheimlehren, sondern nur Darlegungen, deren Verständnis philosophische Vorbildung voraussetzt. Schon Aristoteles' Lehrer Platon war der Überzeugung, ein Teil seiner Lehren sei nicht zur Veröffentlichung geeignet (Ungeschriebene Lehre). Daher ist in der modernen Forschungsliteratur von Platons „Esoterik" oder „esoterischer Philosophie" die Rede, womit die ungeschriebene Lehre gemeint ist.

Im Sinne von „geheim" benutzte den Begriff esoterikos erstmals der Kirchenvater Clemens von Alexandria. In einem ähnlichen Sinn unterschieden Hippolyt von Rom und Iamblichos von Chalkis zwischen exoterischen und esoterischen Schülern des Pythagoras, wobei letztere einen inneren Kreis bildeten und bestimmte Lehren exklusiv empfingen. Ins Lateinische wurde das griechische Wort erst in der Spätantike übernommen; der einzige antike Beleg für das lateinische Adjektiv esotericus ist eine Stelle in einem Brief des Kirchenvaters Augustinus, der an Ciceros Angaben anknüpfend mit Bezug auf Aristoteles von „esoterischer Philosophie" schrieb.

Den Ausgangspunkt für die Entstehung des neuzeitlichen Esoterik-Begriffs bildete die auf die Pythagoreer bezogene Begriffsverwendung des Iamblichos. Man dachte dabei an die von Iamblichos überlieferte, in der modernen Forschung umstrittene Einteilung der Pythagoreer in die zwei rivalisierenden Gruppen der „Akusmatiker" und der „Mathematiker", die beide den Anspruch erhoben haben sollen, die authentische Lehre des Pythagoras zu vertreten. Ob es eine Geheimlehre der frühen Pythagoreer tatsächlich gegeben hat, ist in der Forschung umstritten, doch war die Vorstellung davon in der Frühen Neuzeit allgemein verbreitet und prägte den Begriff „esoterisch". Man bezeichnete mit diesem Wort ein Geheimwissen, das ein Lehrer nur ausgewählten Schülern mitteilt.

Im Englischen kommt das Wort erstmals in der 1655–1662 erschienenen History of Philosophy von Thomas Stanley vor. Stanley schreibt, den inneren Kreis der Pythagoreer hätten die Esotericks gebildet. Im Französischen ist ésotérique erstmals 1752 im Dictionnaire de Trévoux bezeugt, 1755 auch in der Encyclopédie. Im Deutschen ist „esoterisch" als Fremdwort, wohl aus dem Französischen oder Englischen übernommen, erstmals 1772 belegt; das Adjektiv wird ab dem späten 18. Jahrhundert zur Bezeichnung von Lehren und Kenntnissen verwendet, die nur für einen ausgesuchten Kreis Eingeweihter oder Würdiger bestimmt sind, sowie zur Charakterisierung von wissenschaftlichen und philosophischen Texten, die nur für einen kleinen, exklusiven Kreis von Fachleuten verständlich sind. Seit dem 20. Jahrhundert ist eine abwertende Konnotation verbreitet; „esoterisch" hat oft die Bedeutung „unverständlich", „geheimnistuerisch", „weltfremd", „versponnen". Das Substantiv „Esoteriker" ist ab dem frühen 19. Jahrhundert gebräuchlich (erster Beleg 1813); anfangs bezeichnete es eine Person, die in die Geheimnisse einer Gesellschaft oder in die Regeln einer Kunst oder Wissenschaft eingeweiht ist.

Der Gebrauch des Substantivs „Esoterik" (französisch ésotérisme) beginnt 1828 in einem Buch von Jacques Matter über die antike Gnosis. Nachdem auch andere Autoren diesen Neologismus aufgegriffen hatten, wurde er 1852 erstmals in einem französischen Universallexikon als Bezeichnung für Geheimlehren aufgeführt. Weithin gebräuchlich wurde das Wort dann durch die einflussreichen Bücher von Éliphas Lévi über Magie, von wo aus es in das Vokabular des Okkultismus Eingang fand. Seither wurde es (wie auch das Adjektiv) von vielen Autoren und Strömungen als Selbstbezeichnung verwendet, wobei sie es oft in freier Weise neu definierten.

Heute wird „Esoterik" weithin als Bezeichnung für „Geheimlehren" verstanden, wobei es sich laut Antoine Faivre de facto allerdings zumeist um allgemein zugängliche „offene Geheimnisse" handelt, die sich einer entsprechenden Erkenntnisbemühung erschließen. Nach einer anderen, ebenfalls sehr geläufigen Bedeutung bezieht sich das Wort auf eine höhere Stufe der Erkenntnis, auf „wesentliches", „eigentliches" oder „absolutes" Wissen und auf die sehr vielfältigen Wege, welche zu diesem führen sollen.

In der Wissenschaft haben sich zwei grundlegend verschiedene Verwendungen der Bezeichnung Esoterik oder esoterisch etabliert:

Im religionswissenschaftlichen Kontext wird sie gewöhnlich typologisch definiert und bezieht sich auf in bestimmter Weise charakterisierte Formen religiöser Aktivität. Oft handelt es sich dabei um Geheimlehren, entsprechend der ursprünglichen Bedeutung von Esoterik. Eine andere, damit verwandte Tradition, die von Mircea Eliade, Henry Corbin und Carl Gustav Jung repräsentiert wird, bezieht „esoterisch" auf die tieferen, „inneren Geheimnisse" der Religion im Unterschied zu deren exoterischen Dimensionen wie sozialen Institutionen und offiziellen Dogmen.

Davon zu unterscheiden sind geschichtswissenschaftliche Ansätze, die bestimmte Strömungen speziell der westlichen Kultur als Esoterik zusammenfassen, welche gewisse Ähnlichkeiten aufweisen und historisch miteinander verbunden sind. In diesem Zusammenhang wird in jüngster Zeit zumeist von westlicher Esoterik gesprochen. Zum Teil wird auch der zeitliche Rahmen noch begrenzt, indem nur in der Neuzeit von Esoterik gesprochen wird; andere Autoren nehmen auch entsprechende Erscheinungen im Mittelalter und in der späten Antike hinzu.

Auch bezüglich der exakten inhaltlichen Abgrenzung des Begriffs besteht noch kein Konsens, wohl aber bezüglich der Kernbereiche. Dazu gehören in der Neuzeit die Wiederentdeckung der Hermetik in der Renaissance, die sogenannte okkulte Philosophie mit ihrem im weiten Sinne neuplatonischen Kontext, die Alchemie, der Paracelsismus, das Rosenkreuzertum, die christliche Kabbala, die christliche Theosophie, der Illuminismus und zahlreiche okkultistische und sonstige Strömungen im 19. und 20. Jahrhundert bis hin zur New-Age-Bewegung.

Bezieht man auch frühere Zeiten mit ein, kommen die antike Gnosis und Hermetik, die neuplatonische Theurgie und die verschiedenen okkulten „Wissenschaften" und magischen Strömungen hinzu, die dann in der Renaissance zu einer Synthese zusammenflossen. In dieser Perspektive spielt die zuvor genannte Unterscheidung der beiden prinzipiellen religionswissenschaftlichen Ansätze keine Rolle, da sowohl der Aspekt der Geheimhaltung wie auch der des „inneren Weges" in aus geschichtswissenschaftlicher Sicht esoterischen Erscheinungen vorhanden sein oder fehlen können. Allerdings gibt es auch Ansätze, bei denen typologische und historische Elemente kombiniert sind.[60]

5.11 Exoterik

Exoterik (von ἐξωτερικός „äußerlich", „ausländisch") bezeichnet die nach außen gewandten oder von außen zugänglichen Aspekte einer Philosophie oder Religion, im Gegensatz zu nur einem inneren Kreis zugänglichen esoterischen Aspekten.

Ursprünglich bezeichnete der Begriff populäre, sich an die Allgemeinheit richtende philosophische Schriften, insbesondere die in Dialogform verfassten Schriften des Aristoteles (ἐξωτερικά). Die Unterscheidung erscheint erstmals in Die Versteigerung der philosophischen Orden, einer Satire des Lukian von Samosata. Als ein Peripatetiker zur Versteigerung kommt, heißt es da:

---

[60] https://de.wikipedia.org/wiki/Esoterik

> Merkur: Er ist ein Mann von geregelten Wesen, billigdenkend, weiß sich in's Leben zu schicken, und, was das Außerordentlichste, er ist doppelt.
>
> Käufer: Wieso?
>
> Merkur: Ein Anderer erscheint er von außen, ein Anderer ist er von innen. Wenn du ihn also kaufen willst, so vergiss nicht, dass dieser der esoterische, jener der exoterische heißt.

Diese Klassifizierung wurde dann von Cicero übernommen. Aristoteles selbst gebraucht den Begriff zur Bezeichnung von oberflächlichen Formen des Diskurses, wobei der Gegensatz nicht die esoterische, sondern die philosophische, die genaue und in die Tiefe gehende Behandlung eines Themas ist. Im 20. Jahrhundert wurde die esoterisch-exoterische Unterscheidung insbesondere von dem deutsch-amerikanischen Philosophen Leo Strauss für die philosophiegeschichtliche Forschung wieder prominent gemacht.

In der Religionswissenschaft und Theologie bezeichnet Exoterik die Aspekte einer Religion, die offen zugänglich sind, also auch in öffentlichen Büchern zu lesen sind. Demgegenüber stehen die esoterischen religiösen Lehren und Praktiken, die – meist über geheime Einweihungen oder mündliche Überlieferungen – nur einem begrenzten Teilnehmerkreis bekannt sind. In nahezu jeder Religion bzw. religiösen Strömung gibt es nicht nur einen exoterischen, sondern auch einen esoterischen Teil wie im Judentum die Kabbala und im Islam den Sufismus.

Der Begriff kann auch abwertend gebraucht werden, wobei exoterisch das öffentliche Bild einer eigentlich rein esoterischen Lehre bezeichnet. Dieses Bild muss nicht notwendig falsch sein, ist jedoch in Bezug auf das Wissen der Eingeweihten zumindest unvollständig und bruchstückhaft.

Diesem Bedeutungsspektrum entsprechend kann ein Exoteriker

- ein „Unwissender" oder „Uneingeweihter" sein
- jemand, der auf Transparenz und Nachvollziehbarkeit von Prozessen oder Inhalten beharrt, im Gegensatz zum Okkultisten
- jemand, der komplexe Inhalte transparent und nachvollziehbar macht, also etwa ein Wissenschaftler, der sich um populären, allgemeinverständlichen Ausdruck bemüht.[61]

5.12 Exploration

Die medizinische Fachsprache verwendet den Begriff Exploration für das Eruieren psychopathologischer Erscheinungen mittels Befragung des Patienten.

In die wurde dieser Begriff für die Ermittlung normaler psychischer Vorgänge übertragen, wobei hier in Bezug auf die

[61] https://de.wikipedia.org/wiki/Exoterik

Aufhellung bestimmter Probleme und Zusammenhänge der Begriff „entscheidungsorientiertes Gespräch" empfohlen wird:

> „Ein entscheidungsorientiertes Gespräch ist ein Gespräch, das zur Vorbereitung von möglichst zufrieden stellenden Entscheidungen nach Kriterien der psychologischen Wissenschaft geplant, durchgeführt und ausgewertet wird".

Die Abgrenzung zur Anamneseerhebung ist oft schwierig, da sie als Sammlung von Informationen oft fließend in die Vorbereitung von Entscheidungen übergeht.

Je nach Zielsetzung unterscheidet man zwischen

1. der Exploration, bei der Unklarheiten, Widersprüche und Lücken einer diagnostischen Untersuchung beseitigt werden sollen, um weitere Hinweise zur Interpretation von Testergebnissen zu erhalten, und

2. der Exploration als diagnostischer Methode zur Untersuchung von Persönlichkeitseigenschaften, Interessen, Werthaltungen, Einstellungen, Problemen und Denkweisen der Testperson.

   a) Die allgemeine bzw. informierende Exploration soll Tatsachenmaterial, Daten usw. liefern und eventuell Hinweise für die Gestaltung der Untersuchung und die Auswahl der psychologisch-diagnostischen Verfahren geben.

b) Die gezielte Exploration dient zur Aufhellung bestimmter Probleme und Zusammenhänge.

Hier müssen die Testgütekriterien der Exploration beachtet werden.

5.13 Extraversion

Introversion und Extraversion sind zwei Pole einer Persönlichkeitseigenschaft, die durch die Interaktion mit der Umwelt charakterisiert wird. Den Begriffen nach bezeichnet Introversion eine nach innen, Extraversion eine nach außen gewandte Haltung. Nach Duden ist neben extravertiert auch die Schreibweise „extrovertiert" zulässig, nicht aber „Extroversion".

Extraversion" zeichnet sich durch eine nach außen gewandte Haltung aus. Extravertierte Charaktere empfinden den Austausch und das Handeln innerhalb sozialer Gruppen als anregend.

Typisch extravertierte Eigenschaften sind gesprächig, bestimmt, aktiv, energisch, dominant, enthusiastisch und abenteuerlustig.

Extravertierte Temperamente sind der Choleriker und der Sanguiniker.

Die Begriffe Introversion und Extraversion wurden von C. G. Jung 1921 in die Persönlichkeitspsychologie eingeführt. Sie wurden von ihm als gegensätzliche Wesensarten der Wahrnehmung, des Denkens und Fühlens sowie der Intuition beschrieben, wonach die meisten Personen eher zu der einen oder der anderen Haltung neigen, wobei der Grad der Neigung sehr verschieden sein kann. Jung spricht z.B. von normal oder stark extraviert bzw. introvertiert.

Introversion bezeichnet in der Analytischen Psychologie die Hinwendung der psychischen Energie nach innen, also weg von der Außenwelt. Extravertiert war für Jung gleichbedeutend mit der Außenwelt zugewandt, introvertiert der Innenwelt zugewandt. Der Begriff „Außenwelt" ist dabei sehr weit gefasst, er enthält so abstrakte Dinge wie naturwissenschaftliche Theorien.

Das Konzept der Introversion-Extraversion wurde danach von zahlreichen weiteren Persönlichkeitsforschern aufgegriffen und weiterentwickelt. Für Eysenck handelt es sich um ein Kontinuum, eine einheitliche Persönlichkeitsdimension statt um Gegensatzpaare. Eysencks Theorie führt Unterschiede auf eine unterschiedliche Erregbarkeit des Gehirns zurück – Extravertierte suchen mehr äußere Reize, weil es ihnen an inneren Reizen mangelt – Introvertierte können ihr optimales kortikales Erregungsniveau durch innere Reize aufrechterhalten.

Die Wurzeln der Gegenüberstellung gehen dabei weiter auf verschiedene Typenlehren zurück (z.B. Theophrastos von Eresos). Raymond Bernard Cattell, Joy Paul Guilford oder im deutschen Sprachraum Kurt Pawlik haben ebenfalls diese

Dimension in ihren Theorien verwendet bzw. durch Testverfahren gemessen.

In aktuellen Modellen der Differentiellen Psychologie werden Introversion und Extraversion als einheitliche Dimension betrachtet. Mittels Persönlichkeitstests ist es hierbei möglich, die individuelle Position des Probanden auf entsprechenden Skalen zu ermitteln. Sie gehört unter anderem zu den Big Five, einem Fünf-Faktoren-Modell für die Hauptdimensionen der Persönlichkeit.[62]

[62] https://de.wikipedia.org/wiki/Introversion_und_Extraversion

6 Buchstabe F

6.1 Familienaufstellung

Familienaufstellung bezeichnet ein Verfahren, bei dem Personen stellvertretend für Mitglieder des Familiensystems eines Klienten konstellativ angeordnet (gestellt) werden, um aus einer dazu in Beziehung gesetzten Wahrnehmungsposition gewisse Muster innerhalb jenes Systems erkennen zu können.

Das Familienstellen gründet auf der Vermutung, dass innerlich-grundlegende Beziehungen auch innerlich räumlich abgespeichert wirken – je nach Ausprägung funktional bis dysfunktional. Es handelt sich bei Aufstellungen nicht um Rollenspiele.

Familienaufstellung findet meist in Gruppen von zehn bis zwanzig Personen statt. Jemand, der eine persönliche Thematik lösen möchte, meldet sich, um für sich eine Aufstellung durchführen zu lassen. Der Aufstellungsleiter befragt diesen Klienten zu seiner Situation, zu seinem System (Gegenwarts- und/oder Herkunftssystem) und zu seinem Anliegen.

Für manche Familienmitglieder (welche als wesentlich zum Anliegen des Klienten vermutet werden) werden dann aus der anwesenden Seminargruppe Stellvertreter ausgewählt, die zueinander in Beziehung positioniert werden. Auch für den Klienten selbst gibt es einen Stellvertreter, der für dessen eigenes Ich (Fokus) steht und zu den anderen repräsentierten Familienmitgliedern in räumlichen Bezug gestellt wird. Mittels des intuitiven Positionierens von Stellvertretern „stülpt" der Klient gewissermaßen sein inneres Bild hinsichtlich unbewusst abgebildeter Relationen (untereinander und in Relation zu seinem Fokus) nach außen in den Raum (Erstbild).

Weil bei der systemischen Aufstellungsarbeit davon ausgegangen wird, dass Symptomatik in loyalem Bezug (zu Einzelnen aus dem Familiensystem) entwickelt werde und „verstrickte" Bezüge (innerhalb des Erstbildes) räumlich darauf hinweisen, können diese System-Relationen, weil von außerhalb, innerlich distanziert erlebt werden (dissoziiert über den Stellvertreter des eigenen Fokus).

Aus ihrer Position heraus können die Stellvertreter Gefühle und Gedanken entwickeln, die denjenigen der repräsentierten Personen aus dem Familiensystem des Klienten entsprechen. Dieses Phänomen wird als repräsentierende Wahrnehmung bezeichnet. Die Angehörigen des Klienten werden im so strukturierten Raum der Wahrnehmungen gleichsam zu psychisch Anwesenden. Dabei können Verstrickungen (dysfunktionale Systemdynamiken) erkannt werden: Beispielsweise Aufgaben, die dem Klienten (unbewusst) aufgebürdet worden sind („Delegation") oder eine dysfunktionale Systemdynamik, die der Klient unbewusst (aus Loyalität und „Stolz" zu Einem aus dem System) ursprünglich selbst (intrinsisch) entwickelte.

Unterschiedliche Verstrickungsmuster können bei der Aufstellungsarbeit ersichtlich werden – um aber nicht einer „falschen Fährte" zu folgen, werden bei Familienaufstellungen idealerweise Offenlegungstests zu der vermuteten Kern-Systemdynamik durchgeführt; erst dann kann in Richtung einer Initiierung einer Lösung weitergegangen werden. Der innere Ablauf klassischer Aufstellungsarbeit stellt sich – falls so vorgegangen wird – in drei Schritten dar:

- Interview mit dem Klienten (zu seiner Symptomatik und zu Ungewöhnlichkeiten in seiner Familie)
- Offenlegung (Testen jeweiliger Kern-Systemdynamik und zur Veranschaulichung von Loyalitätsbezügen)
- Lösung (initiierende Intervention)

Neben dem Familienaufstellen in einer Gruppe gibt es auch die Möglichkeit, die räumlichen Korrelationen und relationalen Abhängigkeiten unter den Familienmitgliedern figürlich (siehe auch Familienbrett) abzubilden.[63]

6.2 Feldenkrais-Methode

Die Feldenkrais-Methode ist ein körperorientiertes, pädagogisches Verfahren, welches nach seinem Begründer Moshé Feldenkrais (1904–1984) benannt ist. Feldenkrais lehrte, dass sich durch die Schulung der kinästhetischen und propriozeptiven Selbstwahrnehmung grundlegende menschliche Funktionen verbessern, Schmerzen reduzieren

[63] https://de.wikipedia.org/wiki/Familienaufstellung

lassen und dies allgemein zu als leichter und angenehmer empfundenen Bewegungen führt.

Dabei orientiert sich die Feldenkrais-Methode am so genannten „organischen Lernen" wie es in der „normalen" Entwicklung vom Baby zum Kleinkind stattfindet und von dem Feldenkrais aufgrund seiner Beobachtungen und Studien annahm, dass sich dieses Lernen auch über die Kindheit hinaus fortsetzen lässt.

Feldenkrais entwickelte seine Methode in zwei unterschiedlichen Techniken, die er „Funktionale Integration" (engl. Functional Integration) und „Bewusstheit durch Bewegung" (engl. Awareness through Movement) nannte. Funktionale Integration kann als eine Interaktion zwischen „Lehrer" und „Schüler" beschrieben werden, die häufig nonverbal auf der körperlichen Ebene stattfindet. „Bewusstheit durch Bewegung" wird dagegen in Gruppen unterrichtet, wobei der „Lehrer" die „Schüler" verbal durch strukturierte Bewegungsexperimente führt und deren Aufmerksamkeit durch Wahrnehmungsfragen lenkt.

Die Methode basiert auf Judo, auf der künstlerischen Körperschulung der 1920er Jahre sowie auf Erkenntnissen der manuellen Medizin. Im Mittelpunkt der Methode stehen Bewegungsmuster, die den Lebensalltag eines Menschen prägen, und die Möglichkeiten, diese angemessen zu variieren. Sie möchte den Menschen befähigen, über die Wahrnehmung von Bewegungsabläufen seine Bewusstheit zu erweitern und größere sensomotorische Differenziertheit zu erlangen.

Nachteilige Bewegungsmuster sollen gelöst und neue Bewegungsalternativen aufgezeigt werden. Auf diese Weise kann er schließlich besser erkennen und verstehen, wie er sich selbst wahrnimmt und im täglichen Leben organisiert. Beschwerden werden zu entsprechenden Bewegungsmustern zurückverfolgt und Defizite möglichst durch andere, neu erkannte Bewegungsmöglichkeiten überbrückt. Indem sich der Lernende über das eigene Tun bewusst wird, entsteht neue Beweglichkeit für Körper und Geist.

Die Methode findet insbesondere zur Wiedererlangung der vollen Mobilität nach Verletzungen in der Rehabilitation und beim Abbau von fehlhaltungsbedingten Schmerzen Anwendung. Ihrem Konzept nach können jedoch Menschen in den unterschiedlichsten Lebenssituationen von ihren Möglichkeiten profitieren. Sie soll geistige und körperliche Frische bis ins hohe Alter erhalten helfen. Auch kann sie beispielsweise für Musiker, Tänzer, Sportler und andere an Bewegung Interessierte von Nutzen sein.

Moshé Feldenkrais ging davon aus, dass menschliches Denken, Fühlen, Wahrnehmen und Bewegen niemals isoliert anzutreffen sind, sondern gemeinsame „Zutaten" menschlichen Handelns seien. Bewegung war für ihn Ausdruck der ganzen Person und schien ihm der am besten geeignete Ansatzpunkt, um Verbesserungen zu erreichen.

Die entscheidende Idee war für ihn dabei die menschliche Fähigkeit zur Selbsterziehung, einer Erziehung, die nicht durch äußere gesellschaftliche Umstände bedingt ist, sondern von den Wünschen und Möglichkeiten des Individuums ausgeht. Die Fähigkeit des Menschen der Selbstreflexion, also sich über das, was man tut, bewusst zu sein, bezeichnete M. Feldenkrais als Bewusstheit. Bewusstsein wäre demzufolge die Wahrnehmung seiner Selbst in zeitlicher und räumlicher Orientierung, der Schlaf hingegen das Lösen des Bewusstseins aus der räumlichen und zeitlichen Struktur.[64]

6.3 Fernheilung

Mit Fernheilung wird eine Heilmethode beschrieben, bei der es keinen direkten Kontakt zwischen dem Heiler und dem Patienten gibt. Zu den Methoden der Fernheilung gehören z.B. Besprechen und Gesundbeten.

6.4 Frigidität

Unter Frigidität (von lat. frigidus „kühl, kalt", historisch auch Geschlechtskälte) werden diverse Veränderungen des normalen sexuellen Verhaltens zusammengefasst. Der Begriff ist als Fachausdruck veraltet, aber allgemeinsprachlich nach wie vor populär.

Frigidität äußert sich in geringem sexuellen Verlangen oder geringem sexuellen Gefühl. Es kann sich hierbei um eine

[64] https://de.wikipedia.org/wiki/Feldenkrais-Methode

krankhafte Störung handeln, oftmals ist dies jedoch nicht der Fall.

Gebräuchlich ist der Begriff eher in Bezug auf Frauen, sprachlogisch ergibt diese Beschränkung allerdings keinen Sinn, da Männer dieselbe Symptomatik aufweisen können.

Es kann in jeder Lebensphase zu Beeinträchtigungen der Sexualität kommen: Verminderte Libido (mangelndes sexuelles Verlangen), Störungen der sexuellen Erregung und Orgasmusstörungen gehören zu den sexuellen Dysfunktionen. Des Weiteren können durch sexuelle Aktivität bedingte Schmerzen auftreten.

Das phasenweise Auftreten von sexuellem Desinteresse oder mangelndem Gefühl ist ein breites Phänomen und in der Regel kein Anzeichen für eine Störung. Erst wenn die Lustlosigkeit ungewöhnlich lange anhält, sexuelle Gefühle nicht möglich sind oder eine deutliche Verschlechterung des körperlichen Empfindens festzustellen ist, könnte es sich um eine krankhafte Beeinträchtigung handeln.

Ein anhaltender Mangel an Libido kann ebenso durch körperliche Funktionsbeeinträchtigung (etwa hormonelle Störungen) verursacht sein, wie als Folge psychischer Beeinträchtigungen (Depressionen, posttraumatische Belastungsstörung besonders nach Vergewaltigungen und anderen traumatisierenden oder abstoßenden Erlebnissen z.B. durch Partner, die keine ausreichende Intimpflege und Intimhygiene betreiben) oder als Nebenwirkung von Medikamenten (insbesondere Opiaten) auftreten. Auf Coitus interruptus können Frauen, die das als frustrierend erleben, mit Frigidität reagieren.

Manche unter mangelndem Sexualtrieb leidende Patientinnen und Patienten haben bisher überhaupt keine entsprechenden positiven Körpererfahrungen erlebt, ebenso wenig den durch Masturbation möglichen sexuellen Lustgewinn. Die Ursachen können verschiedenartig sein und etwa in frühkindlichen negativen Erlebnissen oder einer sexualfeindlichen Erziehung liegen. Als Folge können Ängste oder Aversionen vor dem eigenen Körper auftreten.

Auch nach Geburten berichten Frauen häufiger von sexueller Lustlosigkeit. Dies kann in der Einstellung auf die neuen Herausforderungen als Mutter oder der hormonellen Umstellung begründet sein, und ist daher meist eine vorübergehende Erscheinung.

Sexuelles Desinteresse gegenüber einem Partner, der subjektiv als wenig attraktiv empfunden wird oder dessen Sexualverhalten den Genuss des anderen Partners eher verringert als steigert, ist kein Hinweis auf Frigidität. Ein Desinteresse kann aber auch andere nichtpathologische Gründe haben, etwa eine nicht bewusste, nicht eingestandene, verdrängte oder verheimlichte andere sexuelle Orientierung; so liegt bei einem Mangel an Verlangen nach Sex mit einem gegengeschlechtlichen Partner womöglich eine unterdrückte Homosexualität vor. Das vollständige Fehlen sexueller Anziehung zu anderen Menschen oder auch grundsätzliches Desinteresse an Sex (was Masturbation zum Zwecke der Triebölösung nicht ausschließt), bezeichnet man als Asexualität.

Das mangelnde sexuelle Interesse eines von beiden Partnern kann zu weitreichenden Problemen in der Partnerschaft führen, etwa zu beidseitigen Unzulänglichkeits- und Minderwertigkeitsgefühlen, gegenseitigem Ausweichen, Schuldzuweisungen, aggressivem Verhalten, Fremdgehen und gegenseitiger Entfremdung bis hin zu Trennungsabsichten.[65]

6.5 Fürbitte

Eine Fürbitte ist ein Gebet, in dem ein Beter Gott für jemand anderen bittet. Fürbitten können sowohl im persönlichen Gebet als auch innerhalb der Liturgie gebetet werden.

In der katholischen, orthodoxen und anglikanischen Kirche ist es Brauch, Heilige um ihre Fürsprache bei Gott zu bitten. Vor allem in charismatisch geprägten Kreisen wird das Segnungsgebet praktiziert: Ein Hilfesuchender teilt sein Gebetsanliegen einem oder mehreren Betern mit, die dann in seinem Beisein für ihn beten und ihn segnen. In Freikirchen verbreitet sind Gebetsversammlungen, in denen für bestimmte Anliegen Fürbitte gehalten wird.[66]

6.6 Future Pace

Future Pace ist das mentale Erleben zukünftiger Situationen mit den gewünschten Ressourcen. Ziel des Future Pacing ist

[65] https://de.wikipedia.org/wiki/Frigidit%C3%A4t

[66] https://de.wikipedia.org/wiki/F%C3%BCrbittengebet

es, sicherzustellen, dass die angestrebten Verhaltensweisen und Reaktionen in den entsprechenden Umgebungen ganz natürlich und automatisch eintreten werden.

Ein Future Pace hat 4 Aspekte:

1. Ressourcenaufbau: Durch geistiges Erleben der erstrebten Veränderung werden Ressourcen (hin-zu Motivation) aufgebaut.

2. Anker setzen: Es wird aus der Gegenwart (geistig) ein Anker in die Zukunft gesetzt, dieser Anker (Erinnerungssignal) ist an einen Kontext geknüpft und sobald dieser auftritt, wird das neue Verhalten aktiviert.

3. Training: In der vorgestellten Situation wird das neue Verhalten/Denken/... eingeübt.

4. Test: Durch Beobachtung des Coachees während des Future Pace kann der Coach überprüfen, wie erfolgreich die Veränderung vermutlich umgesetzt werden wird und ggf. nacharbeiten.

Future Pace ist ein NLP-Basic und steht in den meisten NLP-Formaten am Ende.

Ohne Future Pacing läuft man Gefahr, die in der Sitzung erarbeiteten Verhaltensweisen wieder zu verlieren. Future Pacing ankert und festigt sie, sodass das neue Verhalten natürlich und automatisch eintreten kann.

Ein weiterer Aspekt des Future Pacings sind konkrete Verabredungen bestimmter Schritte, die für das Erreichen des Ziels notwendig sind. Dies könnte z.B. der nächste Coachingtermin oder das Üben des Verhaltens in einer bestimmten Situation sein.[67]

[67] http://nlpportal.org/nlpedia/wiki/Future_Pace

7 Buchstabe G

7.1 Gastritis

Eine Gastritis (Plural: Gastritiden; von griechisch γαστήρ (gaster) = Magen) ist wörtlich übersetzt eine Magenentzündung, bezeichnet aber im allgemeinen und klinischen Sprachgebrauch immer eine entzündliche Erkrankung der Schleimhaut des Magens, also eine Magenschleimhautentzündung.

Bei der akuten Gastritis bestehen häufig Bauchschmerzen, die sich als Druckgefühl in der Magengegend oder als Schmerzen im Oberbauch äußern. Die auftretenden Bauchschmerzen können aber unter Umständen fehlgedeutet und dann nicht richtig diagnostiziert werden. Weil der Schmerz auch hinter dem Brustbein wahrgenommen werden kann, kommt es zu Überschneidungen mit den Symptomen anderer Erkrankungen, z.B. des Herzens.

Typisch sind Schmerzen, die nach dem Essen zunächst besser werden, um dann mit der alten Heftigkeit zurückzukehren. Weitere Anzeichen sind Teerstuhl, Bluterbrechen und Anämie, verursacht durch Blutungen aus der erkrankten Magenschleimhaut. Unspezifische Symptome wie Appetitlosigkeit, Übelkeit, dunkel-wässriger Durchfall und Erbrechen können ebenfalls eine Gastritis – insbesondere auch die chronische Verlaufsform – begleiten.

Bemerkenswert ist dabei allerdings, dass die endoskopische und vor allem auch die histopathologische Diagnose einer

Gastritis keinesfalls besonders häufig mit der klinischen Diagnose Gastritis korreliert. Die Diagnose ist aber immer auch anhand der Symptome zu stellen und führt auch nicht immer zu einer Behandlungsnotwendigkeit. Dies zu unterscheiden ist eine ärztliche Herausforderung und führt mitunter zu Fehleinschätzungen bei Patienten und Ärzten.[68]

7.2 Gebet

Das Gebet (abgeleitet von bitten) bezeichnet eine zentrale Glaubenspraxis vieler Religionen. Es ist eine verbale oder nonverbale rituelle Zuwendung an ein transzendentes Wesen (Gott, Gottheit, Göttin).

Neben dem Vorgang des Betens (als gemeinschaftliches oder persönliches Gebet) wird im Deutschen mit Gebet auch ein vorformulierter, feststehender Text bezeichnet. Ein solches Gebet kann auf einen bestimmten Urheber zurückgehen (z.B. den Religionsstifter, einen Heiligen oder einen religiösen Schriftsteller).

Manche Gebete werden zu einem bestimmten Anlass im Leben des einzelnen oder der Gemeinschaft gesprochen. Gebete werden in der Familie oder in der Religionsgemeinschaft tradiert und gelernt. Die bekanntesten Gebete sind im Judentum das Schma Jisrael und im Christentum das Vaterunser. Die Gebets- und Liedersammlung der Psalmen hat für Judentum und Christentum Bedeutung.

[68] https://de.wikipedia.org/wiki/Gastritis

Das Gebet unterscheidet sich durch seine persönliche und kommunikative Komponente von anderen religiösen Praktiken. Es setzt also die Vorstellung eines persönlichen Gottes voraus, die etwa in Buddhismus oder Taoismus nicht vorhanden ist. Außerdem setzt es voraus, dass ein solcher Gott empfänglich für eine solche Form der Zwiesprache ist und nicht etwa allein durch kultische Handlungen, Opferpraktiken etc. erreicht werden kann.

Er muss dem Betenden gegenüber präsent sein; in den monotheistischen Religionen wird Gott zumeist als allgegenwärtig angesehen, während naturreligiöse Konzepte den Gottheiten oft bestimmte Orte zuordnen, sodass sich der Betende zunächst an den jeweiligen Ort begeben muss.

Wenn Religionsgelehrte und Theologen an eine Vorherbestimmung glauben, dann erwarten sie nicht, dass der unveränderliche Wille der Gottheit durch menschliche Gebete geändert werden kann, sondern sie erwarten vom Gebet eine Änderung des betenden Menschen: Der das Gute erstrebende Wille Gottes sei nicht zu ändern, aber durch die Gebetstätigkeit werde der Wille des Menschen gestärkt, seine Seele geläutert und somit eine ganzheitliche Änderung zum Guten bewirkt.

Gebetet werden kann im Gottesdienst, in einer Gruppe oder allein. Ganze Gottesdienste werden als Gebet verstanden, wie der jüdische Gottesdienst am Shabbat in der Synagoge, die heilige Messe der katholischen und die göttliche Liturgie der orthodoxen Kirche, das christliche Stundengebet oder das Freitagsgebet der Muslime. Viele Religionen kennen festgesetzte Gebetszeiten.

Gebete können gesungen, laut ausgesprochen oder im Stillen für sich formuliert werden. Es gibt dabei je nach Religion und Konfession unterschiedliche Körperhaltungen und Gesten: stehen, knien, niederwerfen, den Kopf senken, die Hände erheben oder falten. Im Zusammenhang mit Gebeten werden oftmals Symbole oder Hilfsmittel verwendet, wie Gebetsketten, Kruzifixe oder Ikonen.

Es gibt tradierte liturgische Gebete mit feststehenden Wortfolgen, manchmal in Form einer Litanei, Gebete mit Vorlagen oder spontan formulierte Gebete.[69]

7.3 Gen

Als Gen wird meist ein Abschnitt auf der DNA bezeichnet, der die Grundinformationen zur Herstellung einer biologisch aktiven RNA enthält. Bei diesem Prozess der Transkription wird eine komplementäre Kopie des codogenen Strangabschnitts in Form einer RNA hergestellt.

Es gibt verschiedene Arten der RNA. Bei der Translation, einem Teilvorgang der Proteinbiosynthese, wird die Aminosäuresequenz der Proteine von der mRNA abgelesen. Die Proteine übernehmen im Körper jeweils spezifische Funkti-

[69] https://de.wikipedia.org/wiki/Gebet

onen, mit denen sich Merkmale ausprägen können. Der Aktivitätszustand eines Gens bzw. dessen Ausprägung, seine Expression, kann in einzelnen Zellen verschieden reguliert werden.

Allgemein werden Gene auch als Erbanlage oder Erbfaktor bezeichnet, da sie die Träger von Erbinformation sind, die durch Reproduktion an Nachkommen weitergegeben wird. Die Erforschung des Aufbaus, der Funktion und Vererbung von Genen ist Gegenstand der Genetik. Die gesamte Erbinformation einer Zelle wird Genom genannt.

1854 begann Johann Gregor Mendel, die Vererbung von Merkmalen bei Erbsen zu untersuchen. Er schlug als erster die Existenz von Faktoren vor, die von Eltern auf die Nachkommen übertragen werden. Bei seinen Kreuzungsversuchen beschrieb er, dass Merkmale voneinander unabhängig vererbt werden können, sowie dominante und rezessive Merkmale. Er entwickelte die Hypothese, dass es homo- und heterozygote Zustände geben kann, und legte damit die Grundlage für die Unterscheidung zwischen Genotyp und Phänotyp.

1900 gilt als das Jahr der „Wiederentdeckung" der mendelschen Regeln, da die Botaniker Hugo de Vries, Erich Tschermak und Carl Correns aufgriffen, dass es quantifizierbare Regeln gibt, nach denen die Faktoren, die für die Ausprägung von Merkmalen verantwortlich waren, an die Nachkommen weitergegeben werden. Correns prägte dabei den Begriff Anlage bzw. Erbanlage.

William Bateson erinnerte 1902 in Mendel's Principles of Heredity daran, dass es zwei Varianten der Erbfaktoren in jeder Zelle gibt. Er nannte das zweite Element Allelomorph nach dem griechischen Wort für ‚Andere' und prägte damit den Begriff des Allels. Archibald Garrod, ein britischer Arzt, hatte sich mit Stoffwechselerkrankungen beschäftigt und stellte fest, dass diese in Familien vererbt wurden. Garrod erkannte, dass die Gesetze also auch bei Menschen gültig waren, und vermutete, die Erbanlagen seien die Basis für die Chemische Individualität von Menschen.

August Weismann stellte in seinen Vorträgen zur Deszendenztheorie 1904 die Entdeckung vor, dass es einen Unterschied zwischen Körperzellen und Keimzellen gibt, und dass nur letztere in der Lage sind, neue Organismen hervorzubringen. Keimzellen sollten eine „Vererbungssubstanz" enthalten, die sich aus einzelnen Elementen zusammensetzten, die er Determinanten nannte. Diese Determinanten sollten für die sichtbare Ausprägung beispielsweise der Gliedmaßen verantwortlich sein.

Die Bezeichnung „Gen" wurde erst 1909 von dem Dänen Wilhelm Johannsen geprägt. Er benannte die Objekte, mit denen sich die Vererbungslehre beschäftigt, nach dem griechischen Substantiv γένος genos für ‚Nachkommenschaft'. Für ihn waren sie jedoch nur eine Rechnungseinheit. Bereits drei Jahre zuvor hatte William Bateson die Wissenschaft von der Vererbung als Genetik bezeichnet, nach dem griechischen Adjektiv γεννητικός gennetikos, deutsch ‚hervorbringend'. Zu diesem Zeitpunkt war die chemische Natur der Gene immer noch vollkommen unklar.

In den ersten Jahren des 20. Jahrhunderts nahmen sich die Genetiker nach verschiedenen Pflanzen auch Insekten und später Vögel vor, um die Vererbungsgesetze zu testen. In Kombination mit den 1842 entdeckten und 1888 benannten Chromosomen entstand so die Chromosomentheorie der Vererbung. Es war durch verbesserte Färbetechniken beobachtet worden, dass sich Chromosomen erst verdoppeln und sich dann mit den Zellen teilen. Daher waren sie als Träger der Erbanlagen in Frage gekommen. Während dieser Zeit herrschte eine Kontroverse zwischen den Vertretern der Hypothese von Johannsen und Mendel, dass Gene etwas Materielles sind, und deren Kritikern, die eine Verbindung von Genen und Chromosomen als „Physikalismus" und „Mendelismus" abtaten und Gene weiterhin als abstrakte Einheiten betrachteten.

Thomas Hunt Morgan war ebenfalls überzeugt, dass es nicht physikalische Einheiten sein konnten, die für die verschiedenen Merkmale verantwortlich waren, und versuchte, den Mendelismus zu widerlegen. Er begann 1910 mit Kreuzungsversuchen an Schwarzbäuchigen Taufliegen. Seine Arbeiten erbrachten jedoch das Gegenteil: Den endgültigen Beweis, dass Gene auf Chromosomen liegen und damit materiellen Ursprungs sind. Zusammen mit seinen Mitarbeitern, darunter Calvin Bridges, Alfred Sturtevant und Hermann Muller, fand er viele natürliche Mutationen und untersuchte in unzähligen Kreuzungen die Wahrscheinlichkeit, dass zwei Merkmale gemeinsam vererbt werden. Sie konnten so zeigen, dass Gene an bestimmten Stellen auf den Chromosomen liegen und hintereinander aufgereiht sind. Gemeinsam erstellte die Gruppe in jahrelanger Arbeit die erste Genkarte.

Da unter dem Mikroskop auch das Crossing over beobachtet werden konnte, war bekannt, dass Chromosomen Abschnitte austauschen können. Je näher zwei Gene auf dem Chromosom beieinander liegen, desto größer die Wahrscheinlichkeit, dass sie gemeinsam vererbt und nicht durch ein Crossing-over-Ereignis getrennt werden. Dadurch konnten Angaben über die Entfernung zweier Gene gemacht werden, die nach Morgan in centiMorgan angegeben werden.

Hermann Muller begann einige Zeit später, mit Röntgenstrahlen zu experimentieren, und konnte zeigen, dass die Bestrahlung von Fliegen deren Mutationsrate stark erhöht. Diese Erkenntnis aus dem Jahr 1927 war eine Sensation, da dadurch zum ersten Mal tatsächlich gezeigt wurde, dass Gene physikalische Objekte sind, die sich von außerhalb beeinflussen lassen.

1928 wies Frederick Griffith in dem als „Griffiths Experiment" bekannt gewordenen Versuch zum ersten Mal nach, dass Gene von Organismen auf andere übertragen werden können. Der von ihm nachgewiesene Vorgang war die Transformation.

1941 zeigten George Wells Beadle und Edward Lawrie Tatum, dass Mutationen in Genen für Defekte in Stoffwechselwegen verantwortlich sind, was zeigte, dass spezifische Gene spezifische Proteine codieren. Diese Erkenntnisse führten zur „Ein-Gen-ein-Enzym-Hypothese", die später zur „Ein-Gen-ein-Polypeptid-Hypothese" präzisiert wurde.

Oswald Avery, Colin MacLeod und Maclyn McCarty zeigten 1944, dass die DNA die genetische Information enthält.

1953 wurde die Struktur der DNA von James D. Watson and Francis Crick, basierend auf den Arbeiten von Rosalind Franklin und Erwin Chargaff, entschlüsselt und das Modell der DNA-Doppelhelix entworfen.

1969 gelang Jonathan Beckwith als erstem die Isolierung eines einzelnen Gens.

Die Definition, was ein Gen genau ist, hat sich ständig verändert und wurde an neue Erkenntnisse angepasst. Für den Versuch einer aktuellen Definition benötigten 25 Wissenschaftler des Sequence Ontology Consortiums der Universität Berkeley Anfang 2006 zwei Tage, bis sie eine Version erreichten, mit der alle leben konnten. Ein Gen ist demnach "a locatable region of genomic sequence, corresponding to a unit of inheritance, which is associated with regulatory regions, transcribed Regions and/or other functional sequence regions" (deutsch: „eine lokalisierbare Region genomischer DNA-Sequenz, die einer Erbeinheit entspricht und mit regulatorischen, transkribierten und/oder funktionellen Sequenzregionen assoziiert ist").

Und auch diese Definition ist nicht endgültig. Durch das ENCODE (ENCyclopedia Of DNA Elements)-Projekt, bei dem die Transkriptionsaktivität des Genoms gemappt wurde, wurden neue komplexe Regulationsmuster gefunden. Dabei wurde festgestellt, dass die Transkription nichtcodierender

RNA viel verbreiteter ist als bislang angenommen. Die Definition lautet daher: "A gene is a union of genomic sequences encoding a coherent set of potentially overlapping functional products" (deutsch: „Ein Gen ist eine Vereinigung genomischer Sequenzen, die einen zusammenhängenden Satz von eventuell überlappenden funktionellen Produkten codieren").[70]

7.4 Gesprächstherapie

Die Gesprächspsychotherapie ist eine Therapieform der humanistischen Psychologie. Sie wird auch klientenzentrierte Psychotherapie, non-direktive oder personzentrierte Psychotherapie genannt. Methoden der Gesprächspsychotherapie finden zum Teil auch außerhalb der Psychotherapie Anwendung, z.B. im Rahmen alltäglicher zwischenmenschlicher Kommunikation bis hin zu Lehr-/Lernmethoden.

Die Entwicklung der Gesprächspsychotherapie und der klientenzentrierten Gesprächsführung ist eng mit der Person ihres Begründers Carl R. Rogers verbunden. Rogers gilt als einer der Hauptvertreter der Humanistischen Psychologie. In Deutschland wurde sie hauptsächlich durch Reinhard und Anne-Marie Tausch in den 1960er Jahren bekannt. Die international üblichste Bezeichnung lautet personzentrierte Psychotherapie.

[70] https://de.wikipedia.org/wiki/Gen

Carl R. Rogers war 12 Jahre lang als klinischer Psychologe psychotherapeutisch und beratend tätig, bevor er von 1940 bis 1963 an drei amerikanischen Universitäten als Professor für Psychologie und (teilweise) für Psychiatrie lehrte. Dadurch erhielten er und seine Mitarbeiter die Möglichkeit zu intensiver wissenschaftlicher Forschungsarbeit. Dabei beschäftigte ihn nur eine Frage: „Welche Bedingungen sind es, die dazu führen, dass eine Person von sich aus über ihr Erleben spricht, sich dabei besser verstehen lernt und schließlich zu Einstellungs- und Verhaltensänderung gelangt?"

Seine Beobachtungen über den Zusammenhang zwischen personzentrierter Haltung und konstruktiven Persönlichkeitsveränderungen konnten auf diese Weise mit einer Fülle von empirischen Untersuchungen überprüft und in den wesentlichen Punkten bestätigt werden. In den sechziger Jahren wurde Rogers Mitgründer des Center for Studies of the Person in La Jolla, Kalifornien, an dem er bis zu seinem Lebensende tätig war. Rogers fühlte sich dem Denken John Deweys verpflichtet und wurde u.a. durch die Theorien von Otto Rank beeinflusst. Später wies er auch auf die geistige Nähe seiner Arbeit zur fernöstlichen Philosophie und zu bestimmten Aspekten des Zen-Denkens hin.

Zwischen 1938 und 1950 ging er in der Therapie von einem non-direktiven zu einem klientenzentrierten Ansatz über und entwickelte in vier Veröffentlichungen dessen theoretischen Hintergrund (Rogers: Counseling and psychotherapy, 1942; Client-centered therapy, 1951; A theory of therapy, personality and interpersonal relationships as developed in the client-centered framework, 1959; Rogers et al.: The therapeutic relationship and its impact: A study of psychotherapy with schizophrenics, 1967).

Die Gesprächspsychotherapie bzw. die personzentrierte Psychotherapie hat einen starken Einfluss auf die Bewegung der Encounter-Gruppen genommen und wird als personzentrierter Ansatz auch in der Beratung und Supervision, als schülerzentriertes Lehren im Bildungsbereich und als gruppenzentrierte Führung im Bereich des Managements angewandt.

Das Menschenbild der Klientenzentrierten Psychotherapie geht davon aus, dass der Mensch eine angeborene „Selbst-Verwirklichungs-" und „-Vervollkommnungstendenz" (Aktualisierungstendenz) besitze, die, unter günstigen Umständen, für eine Weiterentwicklung und Reifung der Persönlichkeit sorge. Der Hilfesuchende trage alles zu seiner Heilung Notwendige in sich und sei selbst am besten in der Lage, seine persönliche Situation zu analysieren und Lösungen für seine Probleme zu erarbeiten. Ausgehend von diesem humanistischen Menschenbild folgerte Rogers, Psychotherapie müsse ein günstiges Klima für den gestörten Wachstumsprozess schaffen.

Ein zentraler Begriff seines Persönlichkeitsmodells einer „fully functioning person" ist das Selbstkonzept. Aus einer Diskrepanz (Inkongruenz) zwischen dem Erleben (experiencing) des Organismus und dem Selbstkonzept entstehen psychologisch relevante Spannungen und erscheinen dem Menschen als Konflikte.

Ein Beispiel für Inkongruenz (entspricht einer psychischen Fehlfunktion): Eine Mutter lebt allein mit ihrem volljährigen Sohn. Jedes Mal, wenn dieser offen Pläne für seinen Auszug macht, wird die Mutter krank (bekommt z.B. Hustenanfälle, Fieber o. ä.). Die Gesprächstherapie nach Rogers erklärte das Symptom der Mutter (die Krankheitsanfälligkeit) durch eine Inkongruenz zwischen der aktuellen Erfahrung (der Angst, den Sohn zu verlieren) und dem Selbst (dem eigenen Anspruch, keine klammernde Mutter sein zu wollen und dem Sohn ein selbständiges Leben gönnen zu wollen). Ziel der Therapie ist eine reifere emotionale Anpassung, indem Ideal- und Selbstbild in Übereinstimmung gebracht werden.

Philosophisch-anthropologisch gesehen rückte mit der Weiterentwicklung des Personzentrierten Ansatzes während der letzten zwei Jahrzehnte der Begriff „Person" ins Zentrum.

Wichtige zeitgenössische Autoren wie Peter F. Schmid haben diese Weiterentwicklung der philosophisch-anthropologischen Grundlagen geprägt. Die Person wird sowohl als substanzial (auf sich bezogen, autonom) wie auch relational (auf die Mitmenschen bezogen) aufgefasst. Die Person lebt in einem unzertrennlichen Wechselverhältnis zwischen Autonomie und Beziehungsangewiesenheit. Diese Verschränktheit von Substanzialität und Relationalität ist ausschlaggebend für das moderne Person-Konzept des Personzentrierten Ansatzes.

Philosophisch nimmt der Personzentrierte Ansatz Bezug auf Martin Buber und in seiner Weiterentwicklung auf Emmanuel Levinas. Auf der praktischen Ebene rückten Konzepte wie jenes der „therapeutischen Präsenz" oder der „personalen Begegnung zwischen Therapeut und Klient" vermehrt ins Zentrum.[71]

7.5 Gesundheit

Gesundheit wird allgemein als ein Zustand des körperlichen und/oder geistigen Wohlergehens aufgefasst. Gesundheit hat mit dem Erleben eine subjektive Seite, und erscheint andererseits auch objektiv feststellbar über das Nicht-Vorliegen von Krankheit bei Fehlen einer medizinischen Diagnose.

Gesundheit ist ein in kultureller und historischer Hinsicht vielschichtiger Begriff. Je nach wissenschaftlicher Disziplin wird er unterschiedlich verstanden, und auch der subjektive Gesundheitsbegriff jedes Einzelnen variiert stark, z.B. abhängig von Alter, Geschlecht, Bildung und kulturellem Hintergrund.

Einem naturwissenschaftlich verstandenen engen Begriff von Gesundheit nach dem bio-medizinischen Modell steht in der heutigen Zeit ein ganzheitlicher Begriff von Gesundheit gegenüber. Gesundheit kann sich auf den einzelnen Menschen beziehen, und als Zustand des körperlichen wie geistigen Wohlbefindens oder der physischen und psychischen Funktions- und Leistungsfähigkeit begriffen werden.

[71] https://de.wikipedia.org/wiki/Klientenzentrierte_Psychotherapie

Gesundheit kann auch als Gegenbegriff zu Krankheit gefasst werden, und beschreibt dann den wünschenswerten „Normal"-Zustand als Abwesenheit von Krankheit. Gesundheit kann auch auf ein Kollektiv, z.B. die Bevölkerung, bezogen werden, und beschreibt dann das Ausmaß einer geringen Krankheitslast in einer Population.

Es gibt eine Vielzahl von Gesundheitsdefinitionen, die sich hinsichtlich ihrer grundlegenden Annahmen unterscheiden lassen. Die nachfolgende Aufzählung stellt einige davon vor:

➢ Definition der Weltgesundheitsorganisation:

  „Gesundheit ist ein Zustand des vollständigen körperlichen, geistigen und sozialen Wohlergehens und nicht nur das Fehlen von Krankheit oder Gebrechen." („Health is a state of complete physical, mental and social well-being and not merely the absence of disease or infirmity.")

➢ Dem Philosophen Friedrich Nietzsche wird folgende Definition zugeschrieben:

  „Gesundheit ist dasjenige Maß an Krankheit, das es mir noch erlaubt, meinen wesentlichen Beschäftigungen nachzugehen."

➢ Nach dem Soziologen Talcott Parsons:

  Gesundheit ist eine funktionale Voraussetzung von Gesellschaft. Eine andere häufig zitierte Definition von

Parsons lautet „Gesundheit ist ein Zustand optimaler Leistungsfähigkeit eines Individuums, für die wirksame Erfüllung der Rollen und Aufgaben für die es sozialisiert worden ist."

- Gesundheitswissenschaftliche Definition:

In den Gesundheitswissenschaften wird häufig auf Antonovsky und dessen Konzept der Salutogenese Bezug genommen. Gesundheit wird nicht nur als Abwesenheit von Krankheit, sondern als einer der extremen Pole auf dem Kontinuum von Krankheit und Gesundheit verstanden. Gesundheit besitzt in den Gesundheitswissenschaften eine körperliche, psychische, soziale und ökologische Dimension und kann deshalb nicht alleine durch naturwissenschaftliche und medizinische, sondern muss zusätzlich auch durch psychologische, soziologische, ökonomische und ökologische Analysen erforscht werden. Von anderen Gesundheitswissenschaftlern wird Gesundheit in Anlehnung an die Definition der WHO verstanden als „Zustand des objektiven und subjektiven Befindens einer Person, der gegeben ist, wenn diese Person sich in den physischen, psychischen und sozialen Bereichen ihrer Entwicklung im Einklang mit den eigenen Möglichkeiten und Zielvorstellungen und den jeweils gegebenen äußeren Lebensbedingungen befindet." Im Verständnis von Hurrelmann ist Gesundheit ein angenehmes und durchaus nicht selbstverständliches Gleichgewichtsstadium von Risiko- und Schutzfaktoren, das zu jedem lebensgeschichtlichen Zeitpunkt immer erneut in Frage gestellt ist. Gelingt das Gleichgewicht, dann kann dem Leben Sinn und Freude abgewonnen werden, es ist eine produktive Entfaltung der eigenen Kompetenzen und Leistungspotentiale möglich, und es steigt die Bereitschaft, sich gesellschaftlich zu integrieren und zu engagieren.

- Aus der Pflegewissenschaft:

Monika Krohwinkel identifiziert Wohlbefinden und Unabhängigkeit als subjektiv empfundene Teile der Gesundheit. „Krankheit und Gesundheit sind ‚dynamische Prozesse', die für die Pflege als Fähigkeiten und Defizite erkennbar sind."

- Reinhard Lay

hat als Teil des Modells der Gesundheitspflege eine neuere pflegewissenschaftliche Definition von Gesundheit vorgelegt: „Gesundheit bedeutet eine zufriedenstellende Entfaltung von Selbstständigkeit und Wohlbefinden in den Aktivitäten des Lebens." Lay versteht Pflege als Gesundheitsförderung.

- Aus der Entwicklungspsychologie:

Die Entwicklungspsychologie beschäftigt sich mit subjektiven Gesundheitsdefinitionen von Kindern und Jugendlichen. Deren Begriff von Gesundheit ist abstrakt und wird in negativer Abgrenzung von Krankheit verstanden. Psychische Dimensionen („keine Sorgen haben") sind jedoch bereits im Jugendalter wichtige Bestandteile des Begriffes von Gesundheit.[72]

7.6 Glaubenssatz

Glaubenssätze sind Gedanken, die tief im Unterbewussten verankert sind und somit als gegeben und wahr akzeptiert sind. Sie werden wieder und wieder gedacht, ohne dass sie hinterfragt werden.

Oftmals dringen unterbewusste Glaubenssätze nicht ins Bewusstsein, da sie unbewusst durch Erziehung und Erfahrungen gelernt wurden.

Glaubenssätze bestimmen, wie man das eigene Umfeld bewertet und auf Ereignisse reagiert. Gemäß den eigenen Glaubenssätzen nimmt man die Realität unter seinem persönlichen Blickwinkel wahr - diese Wahrnehmung ist jedoch immer subjektiv.

Die physische Realität wird durch die Wahrnehmung erschaffen. Die Wahrnehmung ist der Generator, welcher alle Dinge und Ereignisse buchstäblich manifestiert. Allerdings durchläuft die Wahrnehmung eigenbestimmte Filter, nämlich die Glaubenssätze.

[72] https://de.wikipedia.org/wiki/Gesundheit

Die Glaubenssätze bestimmen, was als Wahrheit akzeptiert werden kann. Deshalb ist die Funktion der Glaubenssätze in der Erschaffung der Realität ausschlaggebend. Die eigenen Glaubenssätze zu erkennen und zu hinterfragen ist deshalb von priorisierter Wichtigkeit, wenn man über die eigene Realität bestimmen will.

7.7 Gruppenpsychotherapie

Gruppenpsychotherapie nutzt die in einer Gruppe auftretenden speziellen Gruppenphänomene (Gruppendynamik, Übertragung, Gegenübertragung) für die Psychotherapie, indem mehrere Patienten in der Gruppe behandelt werden.

Der Begriff „Gruppenpsychotherapie" wurde zum ersten Mal in den frühen 1940er Jahren von Jacob Levy Moreno, dem Begründer des Psychodramas, verwendet. Der Begriff "Group Analysis" (dt.: „Gruppenanalyse") stammt von Trigant Burrow.

1905 arbeitete Josef H. Pratt auf einer Tuberkulosestation mit Gruppen, in den 1920er-Jahren die Analytiker Paul Schilder, Alfred Adler, August Aichhorn, Siegfried Bernfeld, auch Lazell, Marsh und Wender unternahmen Versuche mit Gruppen. 1921 entwickelte Moreno in Wien das Stegreifspiel, und Freud schrieb Massenpsychologie und Ich-Analyse. Aus Kostengründen arbeitete man damals mit Gruppen von 30 bis 200 Teilnehmern. 1923 bis 1926 publizierte Burrow über kollektive Phänomene in Gruppen. Die Motive dieser Entwicklung waren der Wunsch, den Einfluss der Gruppe und der Gesellschaft auf den Patienten zu verstehen sowie die Notwendigkeit, viele Patienten gleichzeitig zu behandeln.

Grob lassen sich folgende Gruppentherapien unterscheiden:

- Gruppentherapien, deren Ziel es ist, die „Persönlichkeitsstruktur" der Teilnehmer durch freies Assoziieren zu erkennen und mit Hilfe der Deutungen des Psychotherapeuten bewusst zu verändern (gruppenanalytischer Ansatz). Hier sind die individuellen Probleme der Gruppenmitglieder Gegenstand einer gemeinsamen Suche nach den Ursachen.

- Gruppentherapien mit dem Ziel, das Verhalten der Teilnehmer zu verändern (verhaltenstherapeutischer Ansatz). Hier ist die Gruppe ein soziales Erfahrungsfeld (wie im Alltag), in dem der Patient sein Verhalten – unter geschützten Bedingungen und Anleitung – verändern und einüben kann.

- Gruppentherapien, bei denen die Interaktion zwischen den Gruppenmitgliedern im Mittelpunkt steht (Familien- und Paartherapie).
- Personenzentrierte Gruppentherapie, bei der die Gruppenmitglieder die „Bedingungen ihrer Existenz" reflektieren (klientenzentrierte Therapie).

Je nach Schule haben drei Sichtweisen einen besonderen Schwerpunkt und ergänzen einander:

- Die Therapie des Einzelnen in der Gruppe, die Teilnehmer sind Beobachter

- Die Therapie des Einzelnen durch die Gruppe, die Teilnehmer sind Co-Therapeuten, die Gruppe ist ein therapeutisches Element

- Die Therapie der Gruppe, die Gruppe ist selbst Ziel der Beobachtung und der Veränderung

Die Gruppe soll als Abbild der Gesellschaft und der Herkunftsfamilie jedes Teilnehmers wirken. Die Grundlage ist immer ein tiefenpsychologisches Konzept, ergänzt mit Erkenntnissen aus der Sozialpsychologie und der Gruppendynamik. Der Gruppe wird kein Thema vorgegeben. Die Teilnehmer sprechen über das, was sie gerade beschäftigt, und teilen Einfälle und Phantasien möglichst frei mit. Der Therapeut verhält sich wohlwollend, neutral und abstinent. Dadurch entsteht eine unstrukturierte Situation, in der Teilnehmer Beziehungserfahrungen aus ihrer Kindheit und die damit verbundenen Gefühle wiedererleben können (Übertragung). Im Konflikt sollen verbotene Wünsche und verinnerlichte kulturelle und elterliche Tabus deutlich und Widerstand abgebaut werden. Die freigesetzten abgewehrten Stimmungen und Energien sollen neu und hilfreich eingesetzt werden.

Die wichtigsten Wirkfaktoren sind (in dieser Reihenfolge): die Katharsis (als Ausdruck von Gefühlen), der emotionale Zusammenhalt in der Gruppe und das gemeinsame zwischenmenschliche Lernen. Als erfolgreich werden die Teilnehmer gesehen, die in der Gruppe zu anderen Beziehungen aufnehmen, sich selbst den anderen gegenüber öffnen, anderen Feedback geben und selbst Feedback erhalten und auch annehmen.

Für den Therapeuten ist die Komplexität der Übertragung und Gegenübertragungen der Teilnehmer untereinander, auf den Leiter und umgekehrt eine große fachliche und persönliche Herausforderung. Er arbeitet mit dem Aufdecken von Verdrängtem und psychologischem Widerstand, mit dem Mittel der Analyse von Übertragung und Gegenübertragung. Einsicht und Ich-Stärkung in der Begegnung mit anderen sollen neue emotionale Erfahrungen, unmittelbare Beziehungen und eine neue Sicht der Welt ermöglichen.[73]

[73] https://de.wikipedia.org/wiki/Gruppenpsychotherapie

8 Buchstabe H

8.1 Halluzination

Unter Halluzination versteht man eine Wahrnehmung, ohne dass eine nachweisbare externe Reizgrundlage vorliegt. Solche Wahrnehmungen können in jedem Sinnesgebiet auftreten. Das bedeutet zum Beispiel, dass physikalisch nicht nachweisbare Objekte gesehen oder Stimmen gehört werden, ohne dass jemand spricht.

Bei einer Illusion hingegen wird ein real vorhandener Sachverhalt verändert wahrgenommen: Ein tatsächlich vorhandener feststehender Gegenstand scheint sich zu bewegen oder in irregulären Mustern werden scheinbar Gesichter erkennbar.

Eine Halluzination hat per definitionem für den Halluzinierenden Realitätscharakter bzw. kann nicht von der Realität unterschieden werden. Im Gegensatz dazu merkt die Person bei einer Pseudohalluzination, dass es sich nicht um eine reale Wahrnehmung handelt.

Von der Halluzination zu unterscheiden ist die Wahnwahrnehmung. Dabei wird einer realen, also auch von anderen nachzuvollziehenden Wahrnehmung eine wahnhafte Bedeutung zugemessen. Ein Beispiel hierfür wäre, wenn jemand fest davon überzeugt ist, dass das zufällige Läuten einer Kirchenglocke ein Signal an seine Verfolger darstellt, ihn jetzt zu ergreifen.

Ursachen von Halluzinationen können sein:

- psychische Störungen wie Psychosen, beispielsweise durch
    - Entzug von Rauschmitteln, wie z. B. das durch Alkoholkonsum hervorgerufene Delirium tremens
    - andere krankhafte Veränderungen des Gehirns
- chemische Verbindungen (Halluzinogene wie etwa Diphenhydramin)
- Fehlen eines Teils der Reizgrundlage (der dann durch das Gehirn ergänzt wird), beispielsweise durch
    - plötzlichen Wegfall eines Teils der Reizgrundlage
    - nur teilweises Eintreten der Reizgrundlage.
- Schlafentzug

Ursachen von Pseudohalluzinationen können sein:

- chemische Verbindungen (Halluzinogene bzw. Psychedelika wie etwa LSD, Psilocybin und DMT).

Bei optischen Halluzinationen kommt es zur Wahrnehmung nicht vorhandener Objekte. Am häufigsten sind kleine und bewegliche Objekte, deren Wahrnehmung dann meist sehr angstvoll erlebt wird. Dies kommt beispielsweise im Rahmen eines Deliriums vor. Teilweise werden auch ganze Szenen erlebt.

Bei akustischen Halluzinationen, die beispielsweise bei an Schizophrenie Erkrankten häufig sind, hören die Betroffenen oft Stimmen, die die Person beschimpfen, das Tun kommentieren oder Befehle geben (imperative Stimmen).

Olfaktorische (den Geruch betreffend: Phantosmie) und gustatorische Halluzinationen (den Geschmack betreffend) werden häufig von Patienten mit wahnhaften Vergiftungsängsten etwa im Rahmen einer schizophrenen Psychose diagnostiziert.

Zönästhesien sind Sinnestäuschungen aus dem Bereich der Körperwahrnehmung, haben anders als Leibgefühlsstörungen nicht den Charakter des von Außen Gemachten.

Unter hypnagogen Halluzinationen versteht man optische und akustische Sinnestäuschungen im Halbschlaf, beim Einschlafen oder Aufwachen. Sie kommen auch bei psychisch Gesunden vor, wie überhaupt Halluzinationen in Situationen wie Meditationen als normal anzusehen sind. Die Hypnoseforschung versteht Nacht- und Tagträume einschließlich der beim Lesen von Büchern induzierten inneren Bilder als alltägliche Formen von Halluzinationen.

Im Bereich der Hypnose wird von negativen Halluzinationen gesprochen, wenn ein äußerer Reiz in Trance nicht mehr gesehen, gehört oder gespürt wird. „Negativ" beschreibt hier wertungsneutral den Umstand, dass etwas nicht mehr wahrgenommen wird.

Halluzinogene rufen trotz ihrer Bezeichnung meist eher Pseudohalluzinationen oder Illusionen hervor als echte Halluzinationen.[74]

8.2 Helfersyndrom

Als Helfersyndrom bezeichnet man ein Modell seelischer Probleme, die häufig in sozialen Berufen (wie Lehrer, Arzt, Altenpfleger, Pfarrer, Psychologe, Sozialarbeiter) anzutreffen sind. Es wurde erstmals 1977 von dem Psychoanalytiker Wolfgang Schmidbauer in seinem Buch „Die hilflosen Helfer" beschrieben und postuliert; es wurde bislang nicht empirisch bestätigt. In der Psychologie, der Psychotherapie und der Psychoanalyse des 21. Jahrhunderts wird es häufig als Begriff der altruistischen Abtretung, einer Konfliktbewältigungsstrategie, die auch einen Abwehrmechanismus darstellt, äquivalent verwendet.

Laut Modell hat ein vom Helfersyndrom Betroffener ein schwaches Selbstwertgefühl und ist auf seine Helferrolle fixiert; das Helfen bzw. Gebraucht-werden-wollen wird zur Sucht. Dabei versucht er ein Ideal zu verkörpern, das er selbst bei seinen Eltern oder generell in seiner Kindheit vermisst hat. Seine Hilfsbereitschaft geht bis zur Selbstschädigung und Vernachlässigung von Familie und Partnerschaft;

[74] https://de.wikipedia.org/wiki/Halluzination

dabei übersieht oder unterschätzt er die Grenzen des Möglichen und ignoriert auch die Frage, ob seine Hilfe überhaupt erwünscht oder sinnvoll ist. Hilfe anderer bei seiner Mission lehnt er ab. Als Folge kann es bei ihm zu Depressionen oder zum Burnout-Syndrom kommen.

Zu den Risikofaktoren zählen spezifische Berufsfelder sowie Persönlichkeitsstrukturen, die gehäuft zur entsprechenden Berufswahl führen. Den Persönlichkeitsstrukturen ihrerseits liegen oft biographische Erfahrungen zugrunde, die den Eigenwert des Betroffenen infrage stellten. Das Helfersyndrom kommt in allen Bevölkerungsschichten vor. Dabei gibt es spezifische Persönlichkeitsmerkmale, die das Risiko erhöhen. Zu nennen sind: Depressive Persönlichkeitsmuster, Abhängige Persönlichkeitsmuster, Borderline- bzw. emotional-instabile Persönlichkeitsmuster.

Die Transaktionsanalyse hat sich viel mit Beziehungsmustern befasst. Dabei hat sie das Konzept des Dramadreiecks entworfen. Das Konzept kann dabei helfen, der Falle pathologischer Hilfsbereitschaften zu entgehen. Das Konzept des Dramadreiecks weist darauf hin, dass es zwischen drei typischen sozialen Rollen oft zu einer Dreiecksbeziehung kommt. Die besagten Rollen sind: >Opfer >Verfolger >Retter.

Beispiele:

- Paulchen kommt weinend zum Papa. Max habe seine Playstation geklaut. Der Vater greift ein.

- Stefan klagt über die Gesellschaft. Diese sei dran schuld, dass er Drogen nimmt. Frau Retterich füllt seine Formulare fürs Versorgungsamt aus.

Nicht dass den Opfern von Verfolgung niemals Rettung gebühre. Kandidaten für ein Helfersyndrom sprängen aber allzu schnell auf jeden Fingerzeig von Opferrollenspielern an. Ein wirksamer Helfer, im Sinne eines reifen und partnerschaftlichen Verhaltens, wird dem Opfer „nur" zur Selbsthilfe verhelfen. Falls notwendig wird er das Opfer auch aus der „Schusslinie" nehmen, aber ihm immer nur soweit Hilfe geben, bis die Person sich wieder selbst helfen kann.[75]

8.3 Hellsehen

Die Parapsychologie unterscheidet drei Modalitäten der außersinnlichen Wahrnehmung:

- Telepathie: Übertragungen von Informationen zwischen Lebewesen ohne Beteiligung der bekannten Sinneskanäle

- Hellsehen: Außersinnliche Wahrnehmung eines gleichzeitigen Ereignisses

- Präkognition: die Erfahrung von zukünftigen Ereignissen (im Rahmen von Sekunden bis zu Jahren)

[75] https://de.wikipedia.org/wiki/Helfersyndrom

Die auditive Form des Hellsehens ist das Hellhören, die außersinnliche Wahrnehmung von Worten oder Geräuschen ohne objektives akustisches Ereignis. Die in die Vergangenheit gerichtete Form der Präkognition ist die Retrokognition, das außersinnliche Erfahren eines vergangenen Geschehens.

Außersinnliche Wahrnehmungen sollen sowohl im Wachbewusstsein als auch in anderen Bewusstseinszuständen auftreten, z.B. in Trance oder im Schlaf bzw. Traum. Der Intensität nach werden bei außersinnlichen Wahrnehmungen sichere Kenntnis, unbestimmtes Ahnen oder einen Pseudo-Sinneseindruck (Halluzination oder Traum, realistisch oder verschlüsselt) unterschieden.

Das Phänomen der außersinnlichen Wahrnehmung soll nicht nur auf den Menschen begrenzt sein, sondern ist angeblich auch bei Tieren möglich. So wird auch das Verhalten von Katzen, Hunden und Enten bei Untersuchungen der Parapsychologen beobachtet wie z.B. die Unruhe von Tieren vor einem Erdbeben. Inwieweit sich tierische außersinnliche Wahrnehmungen dabei vom Instinkt abgrenzen lassen, ist allerdings unklar.[76]

[76] https://de.wikipedia.org/wiki/Au%C3%9Fersinnliche_Wahrnehmung

8.4 Heterosuggestion

Die Psychologie versteht unter Suggestion – der Begriff wurde erstmals von James Braid verwendet – eine Beeinflussungsform von Fühlen, Denken und Handeln. Abgrenzungen oder Unterschiede zu Nachbarbereichen werden dabei allerdings kaum thematisiert. Es wird unterschieden zwischen der Autosuggestion und der Heterosuggestion, also der Beeinflussung durch sich selbst oder durch andere.[77]

8.5 Histamin

Histamin (altgr. ἱστός histos ‚Gewebe') – in der Nomenklatur: 2-(4-Imidazolyl)-ethylamin – ist ein Naturstoff, der im menschlichen oder tierischen Organismus als Gewebshormon und Neurotransmitter wirkt und auch im Pflanzenreich und in Bakterien weit verbreitet ist.

Beim Menschen und anderen Säugetieren spielt Histamin eine zentrale Rolle bei allergischen Reaktionen und ist am Immunsystem, d.h. an der Abwehr körperfremder Stoffe, beteiligt. So dient es als einer der Botenstoffe in der Entzündungsreaktion, um eine Anschwellung des Gewebes zu bewirken. Auch im Magen-Darm-Trakt, bei der Regulation der Magensäureproduktion und der Motilität sowie im Zentralnervensystem bei der Steuerung des Schlaf-Wach-Rhythmus und der Appetitkontrolle wirkt Histamin als wichtiger Regulator.

[77] https://de.wikipedia.org/wiki/Suggestion

Biochemisch ist es, wie auch Tyramin, Serotonin, Dopamin, Adrenalin, Noradrenalin oder Octopamin, ein biogenes Amin. Es wird durch Abspaltung von Kohlendioxid aus der Aminosäure Histidin gebildet und insbesondere in Mastzellen, basophilen Granulozyten und Nervenzellen gespeichert.

Die Geschichte der Erforschung des Histamins begann im Jahr 1907 mit seiner Synthese als chemische Kuriosität durch die deutschen Chemiker Adolf Windaus und W. Vogt.

Bereits drei Jahre später gelang Henry H. Dale und G. Barger der Nachweis von Histamin im Mutterkorn und somit die Entdeckung von Histamin als Naturstoff. Im gleichen Jahr wiesen Henry H. Dale und P. P. Laidlaw Histamin als körpereigene Substanz nach. Dale und Laidlaw klärten gleichzeitig einige grundlegende Funktionen des Histamins auf Die Biosynthese des Histamins aus der Aminosäure Histidin konnte durch Dankwart Ackermann ebenfalls 1910 aufgeklärt werden.

Daniel Bovet und Anne-Marie Staub entdeckten im Jahr 1937 erste Substanzen, die die Wirkung von Histamin hemmen (Antihistaminika). Bereits fünf Jahre später wurden mit Phenbenzamin und Mepyramin die ersten Antihistaminika in der Therapie eingesetzt.

Anfang der 1950er Jahre wurden von der französischen Pharmafirma Rhône-Poulenc im Rahmen der Anti-Histaminforschung die ersten Neuroleptika entwickelt.

Im Jahr 1972 gelang James W. Black und Mitarbeitern die Unterscheidung zwischen H1- und H2-Rezeptoren.

Als weitere Subtypen des Histaminrezeptors wurden 1983 der H3-Rezeptor durch Jean-Michel Arrang mit Hilfe pharmakologischer Methoden und 2000 der H4-Rezeptor durch Entschlüsselung des menschlichen Genoms entdeckt.[78]

8.6 Holistik

Holismus (griechisch ὅλος holos „ganz"), auch Ganzheitslehre, ist die Vorstellung, dass natürliche (gesellschaftliche, wirtschaftliche, physikalische, chemische, biologische, geistige, linguistische usw.) Systeme und ihre Eigenschaften als Ganzes und nicht als Zusammensetzung ihrer Teile zu betrachten sind.

Der Holismus vertritt die Auffassung, dass ein System als Ganzes funktioniert und dies nicht vollständig aus dem Zusammenwirken aller seiner Einzelteile verstanden werden kann.

Die entgegengesetzte Position hierzu ist der Reduktionismus beziehungsweise Atomismus, der versucht das zusammengesetzte System als Ergebnis der Elemente und ihrer Eigenschaften zu beschreiben. Hauptargument des Holismus

[78] https://de.wikipedia.org/wiki/Histamin

gegen den Reduktionismus ist oftmals eine nicht vollständige Erklärbarkeit des Ganzen aus den Eigenschaften seiner Teile.

Die Bezeichnung „Holismus" geht auf Jan Christiaan Smuts in seinem 1926 erschienenen Buch „Holism and Evolution" zurück.

Obgleich reduktionistische Denkansätze aufgrund einer vergleichsweise einfachen Methodik, des Kausalitätsprinzips und allgemeingültiger Schlussfolgerungen in den modernen Wissenschaften weitaus häufiger vertreten sind, hat das ganzheitlich-holistische Denken vermutlich ältere Wurzeln. Dies belegen Untersuchungen über das mythische Denken naturangepasster Kulturen, das geradezu „zwingend" auf die Harmonie zwischen den Objekten und ihre Einordnung im „Großen Ganzen" ausgerichtet war. Auch alle Religionen bieten holistische Welterklärungen.

In der griechischen Antike wurde die Vorstellung von der Welt als ein in sich Ganzes erstmals philosophisch begründet. Die Wurzeln liegen in der ionischen Naturphilosophie, kommen aber erst bei den Nachsokratikern Platon und Aristoteles („Das Ganze ist mehr als die Summe seiner Teile") zur Vollendung.

In der Philosophie der Renaissance und des Humanismus wurden die antiken Ideen erneut belebt und mit christlichen und naturmagischen Vorstellungen zur Idee der „Organischen Einheit der Natur" verbunden. In der darauf folgenden

Philosophie der Neuzeit bildete sich der Gegensatz zwischen Reduktionismus und Holismus heraus.

Holistische Grundauffassungen finden sich vor allem in der Monadenlehre von Gottfried Wilhelm Leibniz, den Naturphilosophien von Friedrich Schelling und Georg Wilhelm Friedrich Hegel, aber auch bei Schriftstellern wie Novalis oder Friedrich Hölderlin.

Nach der starken Differenzierung der unterschiedlichen Wissenschaftsdisziplinen verlor der Holismus in der Wissenschaft zeitweise an Bedeutung, bis der „fehlende Überblick" erneut holistische Denkweisen beförderte, die zu neuen Fächern führten. Drei der wenigen modernen Disziplinen, die mehr oder weniger auf holistischen Ansätzen basieren, sind die Systemwissenschaften (hier insbesondere die Systemtheorie, die auf Ludwig von Bertalanffy zurückgeht), die Ökologie und die Ethnologie.

Als einer der Hauptvertreter eines ganzheitlich-systemischen Ansatzes, der fernöstliche Weisheit, Physik und Ökologie verbindet, gilt Fritjof Capra und eines der populärsten holistischen Denkmodelle ist die Gaia-Hypothese, die das System Erde mit einem Organismus gleichsetzt.

Eine holistische Interpretation der Quantenphysik findet man bei David Bohm.[79]

[79] https://de.wikipedia.org/wiki/Holismus

8.7 Homöopathie

Die Homöopathie [ˌhomøopaˈtiː] (von altgriechisch ὅμοιος hómoios ‚gleich, gleichartig, ähnlich' sowie πάθος páthos ‚Leid, Schmerz, Affekt, Gefühl'; wörtlich also „ähnliches Leiden") ist eine alternativmedizinische Behandlungsmethode, die auf den ab 1796 veröffentlichten Vorstellungen des deutschen Arztes Samuel Hahnemann beruht.

Ihre namensgebende und wichtigste Grundannahme ist das von Hahnemann formulierte Ähnlichkeitsprinzip: „Ähnliches möge durch Ähnliches geheilt werden" (similia similibus curentur, Hahnemann). Danach solle ein homöopathisches Arzneimittel so ausgewählt werden, dass die Inhaltsstoffe der Grundsubstanz unverdünnt an Gesunden ähnliche Krankheitserscheinungen (Symptome) hervorrufen könnten wie die, an denen der Kranke leidet, wobei auch der „gemüthliche und geistige Charakter" des Patienten berücksichtigt werden solle. Hierzu wurden von Hahnemann und seinen Nachfolgern ausgedehnte Tabellen (Repertorien) erstellt, mit deren Hilfe der Homöopath den Patienten und seine Krankheitserscheinungen einem Arzneimittelbild zuordnen soll.

Zur Herstellung der homöopathischen Arzneimittel werden die Grundsubstanzen einer Potenzierung (Verdünnung) unterzogen, das heißt, sie werden wiederholt (meist im Verhältnis 1:10 oder 1:100) mit Wasser oder Ethanol verschüttelt oder mit Milchzucker verrieben. Die Verdünnung wurde zunächst wegen der Giftigkeit vieler der verwendeten Stoffe durchgeführt. Erst in einer späteren Phase verordnete Hahnemann Hochpotenzen.

Hahnemann nahm an, dass durch das besondere Verfahren der Potenzierung oder „Dynamisierung" eine „im inneren Wesen der Arzneien verborgene, geistartige Kraft" wirksam werde. Zur Begründung der Hochpotenzen ging er davon aus, dass sich hier „die Materie [...] roher Arznei-Substanzen [...] zuletzt gänzlich in ihr individuelles geistartiges Wesen auflöse".

Diese behauptete selektive Steigerung erwünschter Wirkungen durch die Prozeduren des Potenzierungsverfahrens, die von einigen Autoren auch als „rituell" bezeichnet werden, widerspricht naturwissenschaftlichen Erkenntnissen. Die Lehre der Homöopathie wird daher zu den Pseudowissenschaften gezählt.

Auch das hahnemannsche Ähnlichkeitsprinzip ist wissenschaftlich nicht haltbar. Klinische Studien nach wissenschaftlichen Standards konnten keine über den Placebo-Effekt hinausgehende Wirksamkeit homöopathischer Arzneimittel nachweisen. Wahrgenommene Erfolge einer Behandlung werden dem Behandlungsumfeld, nicht dem Mittel selbst zugeschrieben, etwa dem Glauben des Patienten an die Wirksamkeit der Behandlung (Autosuggestion) oder der Qualität der Beziehung zwischen Therapeuten und Patienten. Der Fachbereich Humanmedizin der Philipps-Universität Marburg verwarf die Homöopathie 1992 im Rahmen der „Marburger Erklärung zur Homöopathie" als „Irrlehre".

Im Jahr 2015 wurden in Deutschland Homöopathika für 595 Mio. Euro umgesetzt, das war ein Wachstum von 12,8 Prozent gegenüber dem Vorjahr. Bei einer 2009 in Deutschland durch das Allensbach-Institut durchgeführten Erhebung brachten 17% der Befragten homöopathische Arzneimittel mit dem Verdünnungs- oder Ähnlichkeitsprinzip in Verbindung.[80]

8.8 Homosexualität

Homosexualität bezeichnet je nach Verwendung sowohl gleichgeschlechtliches sexuelles Verhalten, erotisches und romantisches Begehren gegenüber Personen des eigenen Geschlechts als auch darauf aufbauende Identitäten – etwa sich selbst als lesbisch oder schwul zu definieren.

Homosexuelles Verhalten, homosexuelles Begehren und die sexuelle Identität fallen nicht zwingend zusammen und werden deshalb in der Forschung unterschieden. In der Umgangssprache werden diese Aspekte jedoch häufig vermischt oder miteinander gleichgesetzt.

Sexuelle Handlungen zwischen Männern und zwischen Frauen wurden in verschiedenen Epochen und Kulturen ganz unterschiedlich behandelt: teils befürwortet und toleriert, teils untersagt und verfolgt. Eine besondere Rolle spielen dabei die drei Abrahamitischen Weltreligionen, deren Schriftgelehrte den sexuellen Verkehr zwischen Männern auf der Basis von Bibel, Tora und Koran in der Regel als Sünde betrachteten, auch wenn liberale Strömungen mit dieser exegetischen Tradition heute zunehmend brechen.

---

[80] https://de.wikipedia.org/wiki/Hom%C3%B6opathie

Gleichgeschlechtliche Liebe und Lust sind in allen Gesellschaften und historischen Epochen durch entsprechende Quellen nachweisbar. Dagegen gilt die Entstehung der sexuellen Identität – im Sinne einer klaren Festlegung des Individuums auf eine bestimmte sexuelle Orientierung – heute als das Resultat von Entwicklungen der modernen Gesellschaft. Diese setzten ungefähr im 18. Jahrhundert unserer Zeitrechnung ein und umfassen Aspekte wie das Städtewachstum, die Bürokratisierung und die kapitalistische Versachlichung sozialer Beziehungen.

Parallel zur Herausbildung heterosexistischer Normen in der Mehrheitsgesellschaft entstanden nach und nach in fast allen europäischen Metropolen abgegrenzte „schwule" Subkulturen, deren Angehörige schon bald zum Gegenstand polizeilicher Überwachung, staatlicher Verfolgung, krimineller Erpressung und teilweise auch gewaltsamer Übergriffe wurden.

Die erste fundierte Verteidigung der Homosexualität schrieb mit „Eros - Die Männerliebe der Griechen" (1. Band 1836, 2. Band 1838) der Schweizer Modist und Tuchhändler Heinrich Hössli. Er begründete diese mit seiner Überzeugung, dass diese Veranlagung angeboren sei.

Der Begriff Homosexualität wurde 1869 durch den österreichisch-ungarischen Schriftsteller Karl Maria Benkert (Pseudonym: Karl Maria Kertbeny) erfunden. Zuvor hatte Karl Heinrich Ulrichs (* 1825) die Begriffe Uranismus (bzw. Urning für männlicher Homosexueller; Urninde für weibliche Homosexuelle) verwendet und bekannt gemacht. Ulrichs forderte

1867 erstmals öffentlich – auf dem deutschen Juristentag in München vor 500 Mitgliedern – die Straflosigkeit homosexueller Handlungen. Es gab tumultartige Szenen, in denen seine Rede unterging.

Gegen Ende des 19. Jahrhunderts prägten Autoren aus dem Umfeld der modernen Sexualwissenschaft unsere heutigen Begriffe für Homo- und Heterosexualität, für die es, genau wie für den Begriff Sexualität selbst, in keiner Sprache bis dahin eine vergleichbare Entsprechung gab. Das internationale Vokabular zu diesem Thema stammt daher fast überall aus Wortneuschöpfungen und Lehnübersetzungen des letzten und vorletzten Jahrhunderts.

Die wissenschaftliche Erkenntnis, dass die damit verbundene Einteilung von Menschen in Homo- und Heterosexuelle den vielfältigen Schattierungen menschlichen Begehrens nicht wirklich gerecht wird, hat man seit 1900 mit der Residualkategorie der Bisexualität aufzufangen versucht. Jedoch ist dieses Konzept seinerseits zur Basis einer selbst gewählten Identität geworden und produziert daher neue begriffliche Unklarheiten, wie etwa die Existenz von Menschen, die sich in Umfragen weder als homo- noch bisexuell einstufen, sich aber trotzdem vom eigenen Geschlecht in unterschiedlichem Grade erotisch angezogen fühlen.

Mit der Konstruktion homosexuellen Begehrens als Abweichung von einer unterstellten „heterosexuellen Norm" war von Anfang an auch der Versuch einer ätiologischen (medizinischen/psychologischen) Erklärung verknüpft. Nach 150

Jahren Forschung gibt es unter Sexualwissenschaftlern immer noch keinen Konsens, welche Faktoren für die Ausbildung sexueller Präferenzen ursächlich sind. Genannt wurden unter anderem genetische, endokrinologische (hormonelle) und psychoanalytische Erklärungsmodelle, die meist wenig miteinander vereinbar sind und somit in Konkurrenz zueinanderstehen.

In der Forschung hat sich heute weitgehend eine Deutung durchgesetzt, die auf der gesicherten Beobachtung aufbaut, dass homosexuelles Verhalten eines Teils von Populationen in der höheren Tierwelt sehr weit verbreitet ist. Solchem Verhalten wird demgemäß eine mögliche evolutionäre Funktion für den Abbau von Aggressionen und die soziale Integration bei komplexen, hochentwickelten Wirbeltiergesellschaften beigemessen. Homosexuelles Verhalten von Teilen einer Population hochentwickelter Lebewesen ist demnach ein durch die natürliche Evolution entstandenes, in der belebten Natur weit verbreitetes und sinnvolle Funktionen erfüllendes Phänomen.

Der Begriff „Homosexualität" ist eine hybride Wortneubildung aus dem Jahre 1868, geprägt vom Schriftsteller Karl Maria Kertbeny (1824–1882, bürgerlich: Karl Maria Benkert) von griech. ὁμός homós „gleich" und lat. sexus „Geschlecht". Gleichzeitig prägte er als Antonym den Begriff „Heterosexualität". Richard von Krafft-Ebing sorgte ab 1886 mit seinem Werk Psychopathia sexualis für eine weite Verbreitung der Neubildungen.

Hintergrund für diese und andere Wortbildungen war, dass es in der Neuzeit bis Mitte des 19. Jahrhunderts keinen überlieferten Begriff für gleichgeschlechtliches Empfinden gab. Vier Jahre vor Kertbeny führte Karl Heinrich Ulrichs 1864 die Begriffe „Uranismus", „Urning" (männlich) und „Urninde" (weiblich) ein. Zwei Jahre nach Kertbeny und noch vor dem Erscheinen der Psychopathia sexualis prägte Carl Westphal 1870 den Begriff der „conträren Sexualempfindung". Alle drei Begriffe wurden je nach Vorliebe verwendet. Magnus Hirschfeld berichtet 1914, dass sich der Begriff „Homosexualität" durchgesetzt hat.

Als problematisch empfand Hirschfeld dabei, dass unter dem Eindruck der Endung -sexuell das Wort vielfach nicht im Sinne gleichgeschlechtlicher Artung erfasst und gebraucht wird, sondern im Sinne einer sexuellen Handlung. Tatsächlich handelt es sich hierbei um eine bis heute bestehende Polysemie (Mehrdeutigkeit). So wies Ernest Bornemann 1990 auf öffentliche Umfragen hin, nach denen die Mehrzahl der Deutschen den Begriff so versteht, dass Homosexualität weniger eine Orientierung als vielmehr den „Geschlechtsverkehr unter Männern" bezeichnet.

Der Umstand, dass homo im Lateinischen „Mann" (aber auch „Mensch") und nicht, wie im Griechischen, „gleich" bedeutet, führt in Verbindung mit der Tatsache, dass der zweite Teil des Wortes aus dem Lateinischen stammt, häufig zu einer irrtümlichen Verengung der Wortbedeutung auf „männliche Homosexualität". Dies hat bisweilen skurrile Wendungen zur Folge, wie etwa die redundante Formulierung „Homosexuelle und Lesben".

Die Verengung auf mann-männliche Sexualität trifft vor allem auf das Substantiv „Homosexueller" zu, dessen weibliches Gegenstück „Homosexuelle" kaum im Gebrauch ist. Homosexuelle Frauen werden stattdessen als Lesben (nach der griechischen Insel Lesbos, Heimat der Frauen liebenden Dichterin Sappho) oder, veraltet, als Lesbierinnen bezeichnet.

Analog existiert für homosexuelle Männer auch das Wort Schwuler (von schwül – „drückend heiß", in dieser Bedeutung seit dem 18. Jahrhundert, „schwül" als Parallelbildung zu „kühl", oder von „Schwulität" – „Schwierigkeit, Bedrängnis, peinliche Lage").

Ursprünglich abwertend oder nur im Rahmen der eigenen Subkultur verwendet, wurde die Bezeichnung „schwul" in den 1970er Jahren von der Homosexuellenbewegung als Kampfbegriff eingesetzt und dadurch so weit gesellschaftsfähig gemacht, dass der Begriff heute sogar im Sprachgebrauch der Gesetzgebung auftaucht. Durch seinen trotzigen Gebrauch als Selbstbezeichnung sollte der abwertende Charakter des Wortes zurückgedrängt und den Homosexuellenfeinden enteignet werden. Dies ist jedoch nur zum Teil gelungen.

In der Jugendsprache findet das Wort „schwul" nach wie vor (oder sogar verstärkt) als Schimpfwort Verwendung und wird dort häufig auch als Synonym für „langweilig", „weichlich" beziehungsweise „enervierend" benutzt. Synonym wird häufig „Tunte" oder „Schwuchtel" verwendet.

Um das Missverständnis zu vermeiden, „Homosexualität" bezöge sich begrifflich nur auf Männer, wurde seit 1900 als Alternative die deutsche Übersetzung Gleichgeschlechtlichkeit ins Spiel gebracht, und zwar vor allem als Adjektiv (gleichgeschlechtlich), weniger als Substantiv oder gar als Personenbezeichnung (Gleichgeschlechtlicher). Der Begriff verhindert eine Verwechslung mit dem Begriff Mann und setzt den semantischen Fokus von der Sexualität weg auf das Geschlecht. Auch in Gesetzesentwürfen und Gesetzen wird er neuerdings wegen der juristischen Klarheit bevorzugt. Häufigen Gebrauch findet er darüber hinaus bei der Beschreibung anderer Kulturen, da das Wort homosexuell gedanklich mit vielen sozialen Eigenheiten und Identitätsbeschreibungen der westlichen industrialisierten Welt verknüpft ist.

Sprachlich überholt ist der Begriff „Homosexualismus", der ebenfalls von Kertbeny eingeführt, aber seit jeher nur vereinzelt verwendet wurde. In neuerer Zeit wird „Homosexualismus" in meist abwertender Weise von wertkonservativen, oft gläubigen Menschen gebraucht. Zum Teil wird es dabei als bloßes Synonym für Homosexualität benutzt, zum Teil aber auch, um die Überzeugung auszudrücken, dass über Straffreiheit und körperliche Unversehrtheit hinausgehende Forderungen eine „Ideologie" darstellten, die den eigenen Anschauungen widerspricht.[81]

[81] https://de.wikipedia.org/wiki/Homosexualit%C3%A4t

8.9 Hormon

Als Hormon (zu altgriechisch ὁρμᾶν hormān ‚antreiben, erregen') wird ein (unterschiedlich bestimmter) biochemischer Botenstoff bezeichnet, der von speziellen Zellen produziert und abgegeben wird, und an Zellen der Erfolgsorgane spezifische Wirkungen oder Regulationsfunktionen entfaltet. Der durch diesen Signalstoff ausgelöste biologische Prozess stellt einen Spezialfall der Signaltransduktion dar. Chemisch sind Hormone niedermolekulare Verbindungen, gelegentlich auch Peptide (sogenannte Peptidhormone).

Der Begriff Hormon wurde 1905 von Ernest Starling geprägt. Aus dieser Zeit stammt der klassische Hormonbegriff, nach dem Hormone körpereigene Stoffe sind, die aus einer Drüse (glandulär) in den Blutkreislauf (endokrin) abgegeben werden, um in anderen Organen eine spezifische Wirkung zu erzielen (Beispiele: Schilddrüse, Nebennieren, Bauchspeicheldrüse). In Analogie dazu werden bei Gliederfüßern und Weichtieren Botenstoffe als Hormone angesehen, die über die Hämolymphe an ihren Wirkort gelangen. Diese klassische Definition findet bis heute Anwendung, wurde aber vielfach modifiziert und erweitert.

Der Hormonbegriff wurde um aglanduläre Hormone erweitert, die wie klassische Hormone endokrin, aber nicht aus Drüsen freigesetzt werden. Beispiele hierfür sind Calcitriol, Erythropoietin und das atriale natriuretische Peptid sowie Substanzen, die von Nervenzellen produziert und ins Blut abgegeben werden (Neurohormone). Auch körpereigene

Stoffe aus spezialisierten Zellen, die nach Abgabe unter Umgehung des Blutwegs direkt im unmittelbar benachbarten Gewebe (parakrin) ihre Wirkung erzielen (Gewebshormone) werden gelegentlich als Hormone bezeichnet.

Anhand ihrer Wirkungsschwerpunkte werden von den Hormonen die Zytokine abgegrenzt, die Wachstum, Proliferation und Differenzierung von Zellen regulieren. Zytokine werden aglandulär von Zellen sekretiert, deren Aufgabe nicht allein in der Sekretion dieses Stoffes besteht, und wirken typischerweise autokrin oder parakrin. Auch Neurotransmitter, die von Nervenzellen über den synaptischen Spalt abgegeben werden um ebenfalls an Nervenzellen ihre Wirkung zu entfalten, werden in der Regel nicht als Hormone bezeichnet.

Hormone wurden seit den frühen Jahrzehnten des 20. Jahrhunderts entdeckt; der Begriff Hormon wurde 1905 von Ernest Starling geprägt. Er entdeckte, dass bei der Stimulation durch Salzsäure aus der Darmwand ein Stoff freigesetzt wurde, der die Pankreas-Sekretion anregte (ein Augenzeugenbericht). Diesen Stoff nannte er Sekretin. Hormone wirken nur auf bestimmte Zielorgane. Nur dort finden sich spezielle Hormonrezeptoren, an welche die Hormonmoleküle binden. Häufig sind diese Rezeptoren Membranproteine, die auf der Zelloberfläche das Hormon binden und auf der Innenseite der Membran nach Hormonbindung Signale auslösen.

Einige Hormone (Schilddrüsenhormon, Vitamin D3 und die Steroid-hormone, s.u.) erreichen ihre Rezeptoren erst, wenn sie die Zellmembran durch Diffusion durchdrungen haben.

Ihre Rezeptoren liegen im Zytoplasma vor oder im Zellkern. Nach der Bindung von Hormon und Rezeptor aggregieren die Rezeptor/Hormon-Komplexe zu Rezeptordimeren, dringen in den Zellkern und steuern dort die Genaktivierung.

Hormone werden von speziellen hormonproduzierenden Zellen gebildet: Diese befinden sich in Drüsen in der Hirnanhangdrüse (Hypophyse), der Zirbeldrüse, der Schilddrüse, der Nebenniere und in den Langerhans'schen Inselzellen der Bauchspeicheldrüse. Einige Hormone werden auch von Nervenzellen gebildet, diese nennt man Neurohormone oder Neuropeptide.

Hormone des Magen/Darm-Traktes finden sich verteilt in den Lieberkühn-Krypten. Zudem werden in der Leber Vorstufen des Angiotensins gebildet. Geschlechtshormone werden von spezialisierten Zellen der weiblichen oder männlichen Geschlechtsorgane gebildet: Theca- und Granulosazellen bei der Frau und Leydig-Zellen beim Mann.

Charakteristisch für die hormonproduzierenden Zellen sind Enzyme, die nur in diesen Zellen vorkommen. Die Freisetzung der Hormone ist individuell für jedes Hormon geregelt. Häufig werden Hormone in der Zelle gespeichert und nach Stimulation durch einen Freisetzungsstimulus freigesetzt.[82]

---

[82] https://de.wikipedia.org/wiki/Hormon

8.10 Hypersexualität

Als Hypersexualität wird in Medizin, Psychotherapie, klinischer Psychologie und Sexualwissenschaft ein gesteigertes sexuelles Verlangen bzw. sexuell motiviertes Handeln bezeichnet, das unterschiedliche Ursachen haben kann.

In der Krankheiten-Klassifizierungsliste der Weltgesundheitsorganisation namens ICD-10 kann die Hypersexualität unter verschiedenen Diagnoseschlüsseln kategorisiert werden. Die wichtigsten werden unter dem Kapitel F52 („Sexuelle Funktionsstörungen, nicht verursacht durch eine organische Störung oder Krankheit") erwähnt:

- F52.7 als „Gesteigertes sexuelles Verlangen" bzw. als Satyriasis (Mann) oder Nymphomanie (Frau)
- F52.8 als „Sonstige sexuelle Funktionsstörung, nicht verursacht durch eine organische Störung oder Krankheit"
- F52.9 als „Nicht näher bezeichnete sexuelle Funktionsstörung, nicht verursacht durch eine organische Störung oder Krankheit"
- F63.8 als „Störung der Impulskontrollen"

Es wird diskutiert ob hypersexual disorder (sex addiction, sexual compulsivity und andere Begriffe inkludierend) in den kommenden DSM-5 aufgenommen werden soll.

Obwohl es sich hier um einen sachlicheren Begriff als jenen der Satyriasis bzw. des „Donjuanismus" des Mannes und der Nymphomanie der Frau zu handeln scheint, wird dieser heute dennoch von einigen Sexualwissenschaftlern abgelehnt, da eine Quantifizierung von sexuellen Motivationen oder Handlungsweisen nach deren Meinung als alleinige Grundlage für eine Normierung des Verhaltens im Bereich der Sexualität nicht ausschließlich herangezogen werden sollte. Wie oft ein Mensch in einer Woche oder an einem Tag sexuell aktiv sein darf, um damit ein noch normales Sexualverhalten an den Tag zu legen, ist mit solchen Angaben alleine nicht immer zu bestimmen. Ungeachtet dessen ist die Anzahl von sexuellen Handlungen in den meisten Fällen ein zuverlässiger Indikator für das Krankheitsbild der Hypersexualität.

Was Alfred Charles Kinsey (1894–1956) 1953 im Kinsey-Report ironisch über die Nymphomanie sagte, gilt entsprechend abgewandelt auch für die Hypersexualität: Eine Hypersexualität kann bei einer Person festgestellt werden, die mehr Sex hat als Sie (A nymphomaniac is a woman „who has more sex than you do."). Dennoch bleibt festzustellen: Bei der „Hypersexualität" kann es sich – sofern die Fallstricke einer subjektiven Wertung bei deren Diagnose erkannt wurden – um eine Störung handeln, die ein befriedigendes Leben des Betroffenen aufgrund vielfältiger Ursachen eventuell verhindert – auch wenn in ähnlich erscheinenden Fällen der Lustgewinn aller Beteiligten erhöht ist.

Dieses Verlangen bzw. Verhalten soll sich in unkontrolliertem Genuss von sexuellen Kontaktmitteln wie Pornografie,

Telefonsex oder übermäßiger Masturbation, übermäßigen Sexualkontakten (Promiskuität) bis hin zum von manchen Therapeuten konstatierten suchtartigen Sexualverhalten manifestieren. Manche „Sexsüchtige" streben demnach mehrmals täglich Orgasmen an, ohne tatsächlich Befriedigung zu erlangen. Dies alles gehe so weit, dass Familie, Beruf und sexfreie soziale Kontakte vernachlässigt werden. Entgegen stofflichen Süchten wie z.B. Alkoholismus zeigt sich die sog. Sexsucht selten über körperliche Auswirkungen, sondern häufig in erster Linie über negative soziale Folgen wie beispielsweise Konflikte in der Partnerschaft, finanzielle Belastungen oder berufliche Folgen.

Als Folge von Veranlagung oder Verletzung haben Menschen mit dem Klüver-Bucy-Syndrom oft einen übersteigerten Sexualtrieb.

Der Begriff „Sexsucht" wird häufig synonym zum Begriff Hypersexualität gebraucht. Christian Schulte-Cloos definiert diese Form der nichtstofflichen Süchte als: „[...] ein außer Kontrolle geratenes Verhalten, das einhergeht mit den klassischen Anzeichen für Sucht – Besessenheit, Machtlosigkeit und die Benutzung von Sex als Schmerzmittel".

Vor allem in den Vereinigten Staaten wird „Sexsucht" insbesondere von konservativen Kreisen als eigenständiges Krankheitsbild propagiert und auch dort kontrovers diskutiert. Peer Briken, Direktor des Instituts für Sexualforschung und Forensische Psychiatrie am Universitätsklinikum Hamburg-Eppendorf sagte, dass es „selbst unter Therapeuten, die sich auf die Behandlung sexueller Probleme spezialisiert haben" kaum Übereinstimmungen gebe, „wie man eine Sexsucht diagnostizieren könnte".

Martin Kafka, Psychiater von der Harvard Medical School, definierte Menschen „mit scheinbar wissenschaftlicher Präzision" als „sexabhängig", die über einen Zeitraum von sechs Monaten wöchentlich mindestens sieben Orgasmen haben und sich täglich „ein bis zwei Stunden mit solchen Aktivitäten beschäftigen". Er schränkt allerdings ein, als pathologisch seien nur solche Personen einzustufen, deren sexuelle Phantasien und Verhaltensweisen so viel Raum einnehmen, dass sie für sonstige, nichtsexuelle Aktivitäten und Pflichten kaum noch Zeit finden; entscheidend sei der mit dem übersteigerten sexuellen Verlangen verbundene Leidensdruck.

Das Phänomen des angeblich süchtigen sexuellen Erlebens wurde in der Literatur auch früher beschrieben. Medizinisch wurde es erstmals von den zwei französischen Psychiatern Esquirol und Pinel (ca. 1830) als Störung gesehen und mit „Erotomanie" bezeichnet. Im weltweit ersten wissenschaftlichen Lehrbuch über Störungen der Sexualität wurde es von Krafft-Ebing (1896) aufgeführt und „sexuelle Hyperästhesie" genannt.

Sexualsucht, Hyperlibido, Hypererotizismus, Sexualzwang und Sexualabhängigkeit sind einige der benutzten Begrifflichkeiten, die seither gefunden wurden, um dieses Phänomen zu benennen. Geschlechtsspezifische Bezeichnungen haben auch Eingang in die Umgangssprache gefunden. So wird bei der Frau von Nymphomanie, beim Mann von Satyriasis gesprochen.[83]

8.11 Hypnose

Als Hypnose (altgriechisch ὕπνος hypnos ‚Schlaf') – medizinische Hypnose: Hypnosedierung (Hypnosedation) – werden bezeichnet:

- ➢ Das Verfahren zum Erreichen einer hypnotischen Trance. Diese Form der Trance ist gekennzeichnet durch einen tief entspannten Wachzustand, dessen Besonderheit eine extrem eingeschränkte und auf wenige Inhalte ausgerichtete Aufmerksamkeit ist. Man spricht auch von „hypnotischer Induktion" oder „Hypnose im engeren Sinne".

- ➢ Der Zustand der hypnotischen Trance.

Bei der Hypnose ging man ursprünglich davon aus, dass es sich um einen schlafähnlichen Zustand handelt. Als Hypnotiseur bezeichnet man dabei die hypnotisierende Person, als Hypnotisand (auch: Proband, in der Hypnotherapie Patient oder Klient) die hypnotisierte Person. Dabei kann eine Person auch beide Rollen übernehmen, wobei dies als Auto- oder Selbsthypnose bezeichnet wird; in allen anderen Fällen nennt man es Fremd- oder Heterohypnose.

[83] https://de.wikipedia.org/wiki/Hypersexualit%C3%A4t

Eine hypnotische Trance wird mittels Hypnose induziert (Induktion), der Proband befindet sich in Hypnose oder in einer hypnotischen Trance. Zur Beendigung wird die Trance aufgelöst bzw. exduziert (Exduktion), der Hypnotisand wacht auf.

Wird der Proband (zum Beispiel zwecks Vertiefung der Trance) aus der Trance geholt und kurz darauf wieder zurück in Trance versetzt, so spricht man von Fraktionierung.

Im Rahmen der Hypnose werden dem Probanden ggf. verbale Anweisungen, sog. Suggestionen, gegeben, die direkt auf das Unbewusste wirken sollen.

Suggestionen, die auch nach Auflösung der Hypnose noch wirksam sein sollen, werden als posthypnotische Suggestionen bezeichnet. Unter posthypnotischer Suggestion treten messbare Veränderungen der Informationsverarbeitung im Gehirn auf. In neuropsychologischen Untersuchungen mit bildgebenden Verfahren konnte gezeigt werden, dass dabei die Aktivität bestimmter Gehirnareale selektiv reduziert ist.

Die Begriffe „Hypnose" und „Trance" werden häufig synonym verwendet. Der österreichische Tranceforscher Giselher Guttmann plädiert jedoch für eine klare Differenzierung, da im Gegensatz zu anderen Trance-Zuständen unter Hypnose keine signifikant veränderte elektrische Aktivität in der Großhirnrinde stattfindet als im normalen Wachzustand.

Die moderne Wissenschaft nahm die Hypnose um 1770 als Phänomen wahr. Franz Anton Mesmer experimentierte mit

Magneten, die er Patienten auflegte. Er nannte den Effekt Magnetismus animalis, schrieb jedoch die Wirkungskräfte den Magneten zu. Aufgrund von Mesmers Popularität nannte man den Vorgang des Hypnotisierens lange Zeit auch „Mesmerisieren"; ein Ausdruck, der im zeitgenössischen Englisch noch existiert (to mesmerize ‚hypnotisieren').

Alfred Russel Wallace meinte mit Hilfe des Mesmerisierens die Gallsche Schädelkarte nachweisen zu können. Friedrich Engels kritisierte in einem zu Lebzeiten unveröffentlichten Text den Mesmerismus (in seiner Spätphase oft synonym mit „Somnambulismus") und Wallace Theorien als Irrglauben und Selbsttäuschung. Nach eigener Darstellung habe Engels einen zwölfjährigen Jungen ohne Magnete durch „gelindes Anstieren oder Bestreichen" in einen hypnotischen Zustand versetzt, um dann den Jungen die Wirkung selbsterfundener gallscher Schädelbereiche nacherleben zu lassen. Er kommt zum Schluss, dass sich immer erst Effekte einstellten, wenn dem „Patienten zu verstehen gegeben [wurde], was von ihm erwartet wurde." Der Glaube des Hypnotiseurs an die Schädelkarte ließ unbewusst die gewünschten Effekte beim Hypnotisierten eintreten, wie auch den Magneten Wirkkräfte zugeschrieben wurden, welche durch andere Ursachen entstanden.

Um die Mitte des 19. Jahrhunderts fand eine begriffliche und konzeptionelle Wandlung vom „animalischen Magnetismus" zum „Hypnotismus" statt. In Großbritannien standen relativ viele Menschen dem Prozess des „Mesmerisierens" kritisch gegenüber. Trotzdem besuchte der englische Augenchirurg James Braid einen Auftritt des Magnetiseurs LaFontaine, dem Enkel des Fabeldichters, und stellte fest, dass das Flattern der Augenlider nicht willentlich ausgelöst werden konnte. Er experimentierte daraufhin mit Versuchspersonen, die er bat, glänzende Gegenstände zu fixieren, um sie damit in einen Trance-Zustand zu geleiten. Im Laufe der Zeit verwarf er die Ideen des Magnetischen Animalismus und stellte die Theorie von hirnphysiologischen Veränderungen, die während einer Trance stattfinden sollten, auf. Braid führte zahlreiche Augenoperationen unter Hypnose durch und eröffnete damit die Debatte um weitere Anwendungs- und Behandlungsmöglichkeiten.

Im 19. Jahrhundert war Frankreich mit den Schulen in Nancy (Ambroise-Auguste Liébeault, Hippolyte Bernheim) und Paris (Jean-Martin Charcot) führend in der Erforschung der Hypnose. Sigmund Freud wurde 1885 bei Jean-Martin Charcot in Paris auf die Experimente von Mesmer aufmerksam und versuchte selbst diese Methode, um Patienten zu behandeln. Dies wurde zum Ausgangspunkt seiner Studien über Hysterie. Später ließ er diese Methode jedoch wieder fallen und widmete sich seiner Technik der freien Assoziation.

Wesentlich weiterentwickelt wurde die Hypnose im 20. Jahrhundert im deutschen Sprachgebiet zunächst durch Oskar Vogt (1870–1959), dann durch dessen Schüler Johannes Heinrich Schultz (1884–1970), der daraus das autogene Training entwickelte, und später durch Klaus Thomas.

Im amerikanischen Sprachgebiet wurde die Hypnose wesentlich weiterentwickelt durch Milton H. Erickson (indirekte Hypnose), Kroger und Dave Elman (autoritäre Hypnose). In

England gilt John Hartland als einer der bekanntesten Hypnotiseure. Sein Buch Dictionary of Medical and Dental Hypnosis zählt zum offiziellen Ausbildungslehrwerk für britische Hypnoseärzte. Erickson begründete eine neue Form der Hypnotherapie, die heute als die modernste Form gilt und aus der sich weitere psychologische Methoden, wie z.B. das Neuro-Linguistisches Programmieren, entwickelten.

Die Tranceinduktion ist die Einleitung einer hypnotischen Trance (Form der Tiefenentspannung bei wachem Bewusstseinszustand). Dabei wird eine Konstellation unterstellt, bei der eine Person versucht, bei einer anderen Trance-Phänomene hervorzurufen. Abhängig von der Vorgehensweise wird in direkte und indirekte Methoden unterschieden.

Den Hypnosetechniken ist gemeinsam, dass sie das Bewusstsein mit wenig aufmerksamkeitsfordernden Tätigkeiten beschäftigen, so dessen Kritik gezielt umgehen und schrittweise ausschalten. Auf diese Weise verliert das Bewusstsein seine beherrschende Stellung, die Kritikfähigkeit wird eingeschränkt und das Unbewusste wird direkt ansprechbar. Welche Suggestionen oder Methoden am besten geeignet sind, ist vom Probanden und von den näheren Umständen abhängig.

Förderlich bis notwendig sind für die Induktion Sicherheit und Geborgenheit, beides kann auch suggeriert werden, Musik kann ebenfalls helfen. Die Suggestionen werden meist wiederholt oder enthalten selbst Wiederholungen, auch Monotonie wirkt hypnotisierend. Die Körperhaltung ist eigentlich egal, jedoch sollte sich der Proband entspannen können.

Ursprünglich pflegten Hypnotherapeuten (zu Beginn seiner Karriere auch Milton Erickson) zu sagen:

„Stellen Sie die Beine locker nebeneinander, legen Sie die Hände auf die Oberschenkel, atmen Sie tief, und begeben Sie sich in Trance."

Später lernte Erickson die Hypnose weniger direktiv einzuleiten (Utilisation). Dazu benutzte er zusammengesetzte Suggestionen, z.B. Implikationen oder Wenn-dann-Aussagen: „Wenn Sie sitzen, können Sie in eine Trance eintreten", oder „Wenn Sie jetzt Ihre Beine nebeneinanderstellen und Ihre Hände bequem auf die Oberschenkel legen, können Sie in eine Trance eintreten."

Diese Suggestionen enthielten jeweils ein Element, das der Klient bereits akzeptierte, oder das bereits realisiert war, wobei ein zweites Element durch die Verknüpfung mit dem ersten an suggestiver Kraft gewann.

Üblicherweise wird Entspannung suggeriert oder direkt durch progressive Muskelentspannung herbeigeführt. Eine andere Herangehensweise ist das Angleichen von normalerweise unbewusst ablaufenden Prozessen (z.B. Atmung oder Lidschlag) an die Suggestionen (Pacing and Leading). Mithilfe passender Suggestionen kann sogar die Hypnose selbst eingeredet werden. Dabei werden gelegentlich Stufen von einer bestimmten Anzahl langsam abwärts gezählt; mit jeder Stufe wird eine zunehmende Entspannung angestrebt, bis mit der letzten Stufe die Hypnose induziert sein kann.

Auch Kombinationen verschiedener Techniken sind denkbar.

Die Trance kann nach Belieben vertieft werden, wenn der Proband keine unbewussten Widerstände gegen eine Vertiefung der Trance leistet. Meistens analog dazu nimmt die Kritikfähigkeit des Bewusstseins ab.

Eine hypnotische Trance kann verschiedenartig induziert werden. Grundlegend wird zwischen

- direkten (autoritären, paternalen) und
- indirekten (permissiven, maternalen) Verfahren unterschieden.

Während die direkte Variante meist mit befehlsähnlichen Suggestionen arbeitet, haben die Sprachmuster der indirekten einen eher erlaubenden oder gewährenden Charakter.

Direkte Methoden basieren im Kern auf Aufmerksamkeitsabsorption bzw. Fokussierung der Aufmerksamkeit auf eine Sache. Hierzu können (nahezu) alle Sinne eingesetzt werden.

Bekannt ist die Augenfixation, bei der das „Anstarren" eines Objekts die Augenmuskeln ermüdet und die Neigung, in Trance zu gehen, verstärkt. Durch den Einsatz von Karten mit Komplementärfarben, die betrachtet werden, wird die Augenfixation verstärkt. Mit akustischer Unterstützung arbeitet die Augen-Zähl-Methode. Der Hypnotiseur zählt von hundert rückwärts und fordert den Probanden auf, bei geraden Zahlen die Augen zu schließen und bei ungeraden zu öffnen.

Weiterhin können sprachliche Formen (Anweisungen) und akustische Elemente eingesetzt werden. Letzteres sind überwiegend gleichförmige und beruhigende Klänge oder auch Musikstücke. Anweisungen stellen in der Regel die zentrale Form der Tranceinduktion dar. Im Gegensatz zur indirekten Induktion haben die sprachlichen Formen bei der direkten Methode direktiven (bestimmenden) Charakter.

Neben visuellen und akustischen Methoden werden auch haptische (Berührungen), olfaktorische (Düfte), chemische (Medikamente) und motorische Methoden eingesetzt.

Wichtig ist neben dem Einverständnis des Probanden über den Einsatz einer direkten Induktionsmethode auch die positive Einstellung und Erwartung gegenüber der gewählten Methode. Auch das entstehende autoritäre Beziehungsmuster muss der Proband wünschen oder zumindest akzeptieren. In diesem Beziehungsmuster hat der Hypnotiseur die vorgebende und dominierende Rolle, während der Proband eine passive, sich unterordnende Rolle innehat.

Die beschriebenen Methoden bedürfen der Anwesenheit einer anderen Person (z.B. Hypnotiseur). Im Alltag kann jedoch eine Induktion und damit eine Trance auch durch Umweltphänomene auftreten. Daher lässt sich Hypnose auch als eine Fähigkeit bzw. eine Verhaltensweise begreifen, welche unter begünstigenden Umständen – wie z.B. monotone Reize und Rhythmen – unwillkürlich oder beabsichtigt an den Tag gelegt werden kann.

Eine besondere Rolle spielen die Blitzinduktionen, die eine Trance oftmals innerhalb weniger Sekunden induzieren können, aber eine hohe Erwartungshaltung und ein Überraschungsmoment benötigen. Beide Komponenten erlauben es dem Hypnotisanden, sehr schnell in eine Trance zu gelangen. Die Blitzinduktion wird überwiegend im Showbereich und nur selten im therapeutischen Kontext genutzt, wobei spontane Einschlaf-Erlebnisse, wie sie – ob subjektiv als real empfunden oder nicht – in sogenannten Show-Hypnosen präsentiert werden, nichts mit der therapeutischen Hypnose zu tun haben, denn bei letzterer handelt es sich um eine wissenschaftliche Technik zur Tiefenentspannung bei ständigem Wachbewusstsein.

Jede hypnotische Trance bzw. Tiefenentspannung bedarf der Auflösung. Dazu wird mit Hilfe von Suggestionen der Zustand vor der Tiefenentspannung wiederhergestellt. Sonstige gegebene Suggestionen müssen durch entsprechende Gegensuggestionen aufgehoben werden.

Die Auflösung geht normalerweise schneller vonstatten als die Einleitung, sollte jedoch niemals überstürzt vorgenommen oder gar vernachlässigt werden. Wenn dem Organismus nicht genügend Zeit für die Umstellung gegeben wird, um etwa die Tätigkeit des Herz-Kreislauf-Systems wieder auf Normalwerte zu regulieren, kann es beispielsweise zu Kopfschmerzen kommen.

Wenn eine Amnesie suggeriert wurde und man sich dabei in sehr tiefer Trance befand, kann man sich trotz des wachen Bewusstseinszustandes während der Hypnose unter Umständen nicht an alle Details der Sitzung erinnern. Es gibt eine Vielzahl unterschiedlicher Methoden, um den Klienten aus der therapeutischen Trance zurückzuholen. Die mit bekannteste ist das Aufwärtszählen (z.B. von der Zahl 1 bis zur Zahl 5), wobei jede Zahl mit einer Suggestion verbunden wird, die dem Stabilisieren der Körperfunktionen auf normale Zustandswerte dient.

Wenn doch einmal die Trance nicht ordnungsgemäß aufgelöst worden ist, sollte sie nochmals kurz eingeleitet und danach komplett aufgelöst werden können.[84]

8.12 Hypnotherapie

Als Hypnotherapie oder Hypnosepsychotherapie werden heute Therapieformen zusammengefasst, die u.a. das vorhandene Wissen über die Wirkung von Trance und Suggestionen therapeutisch nutzen. Um Heilungs-, Such- und Lernprozesse zu fördern, wird entweder Hypnose im mehr formalen Sinn praktiziert oder es werden alltägliche Tranceprozesse für die therapeutische Arbeit genutzt. Daneben kann Hypnotherapie auch als Selbsthypnosetraining bzw. Erlernen von (Tiefen-)Entspannungsübungen gestaltet werden.

[84] https://de.wikipedia.org/wiki/Hypnose

In Australien war Ainslie Meares ein Pionier der Hypnotherapie. Im anglo-amerikanischen Gebiet wurde die Hypnose zunächst bei Verhaltensproblemen, Neurosen, psychosomatischen Erkrankungen und in der Medizin erfolgreich angewendet, u.a. vom Psychiater Milton H. Erickson, der heute als Begründer der modernsten Form der Hypnose, der Hypno(psycho)therapie oder der klinischen Hypnotherapie gilt.

Der Umfang der Therapie beschränkt sich oft auf wenige Sitzungen. Die Behandlung geschieht auftragsorientiert: Der Therapeut ermittelt mit den Klienten Ziele, die in der weiteren Beratung verfolgt und deren Erreichen am Ende überprüft werden. Voraussetzung für eine gelingende Therapie ist der Aufbau einer vertrauensvollen Beziehung für das Verfolgen der gemeinsam gesetzten Ziele.

In der Regel wird im therapeutischen Kontext zwischen der Hypnose und der eigentlichen therapeutischen Arbeit unterschieden. So kann die Tiefenentspannung und sogenannte hypnotische Trance durch verschiedene Verfahren induziert werden; im therapeutischen Teil kann rein hypnotherapeutisch gearbeitet werden, es können aber auch Elemente aus anderen psychotherapeutischen Verfahren einfließen.

Charakteristisch aber nicht notwendig ist der Einsatz von Suggestion und die Einleitung und Nutzung eines durch vorherige Tiefenentspannung veränderten, aber jedenfalls wachen Bewusstseinszustandes. Diese Form des Wach-Bewusstseinszustand wird hypnotische Trance genannt. Andere Meditations-Techniken wie z.B. Mantra-Meditation oder

Vocal-Meditation, die auch zu Trance oder trance-ähnlichen Zuständen führen können, werden heute ebenfalls von manchen geschulten Therapeuten hypnotherapeutisch genutzt; man kann dann auch von „therapeutischer Meditation" sprechen.

Die moderne Hypnotherapie wurde stark durch Milton H. Erickson geprägt. Bei der Hypnose nach Erickson handelt es sich um eine kommunikative Kooperation von Therapeut und Klient, wobei der Hypnotherapeut dem Klienten hilft, in eine hypnotische Trance zu gelangen und diesen Zustand für die Veränderungsarbeit zu nutzen. Im Tiefenentspannungszustand steht die vom Bewusstsein des Klienten ausgeübte Kontrolle mehr im Hintergrund, dadurch öffnen sich Zugänge zu unbewussten Prozessen. Der Hypnotherapeut nutzt unter anderem Metaphern, Sprachbilder, Analogien und Wortspiele, um bei dem Klienten in Trance neue Ideen und Lösungsmöglichkeiten für seine Probleme anzuregen. Die Kontrolle darüber, welche dieser Ideen er annimmt und wie er sie nutzt, bleibt dabei vollkommen beim Klienten.

Erickson hatte dabei ein erweitertes Verständnis vom Unbewussten, als es bis dahin mancherorts in der Psychotherapie üblich war. Er glaubte, dass das Unbewusste auch eine Quelle von Ressourcen und Kreativität darstellt, und nicht, wie im engeren Freud´schen Sinn, vorwiegend der Sitz des Abgelehnten und Verdrängten sei. Auch er sah allerdings im Bewusstsein eher einen Störfaktor für Persönlichkeitsveränderungen und versuchte, den analytischen Verstand mit Tranceinduktionen abzulenken, um dem Unbewussten Raum zu geben für kreative Veränderungen im Klienten.

In seinen späten Lebensjahren hat Erickson keine klassischen Tranceinduktionen mehr angewendet. Er war ein Meister der Sprache, der durch Geschichten und Metaphern natürliche Trancezustände anregte und nutzte. Ericksons sprachliche Fähigkeiten haben viele seiner Schüler fasziniert. Ernest Rossi sowie Richard Bandler und John Grinder haben versucht, die hypnotischen Sprachmuster in ihren Büchern explizit lernbar zu machen. Die Wirksamkeit der „Erickson'schen Hypnotherapie" ist seit vielen Jahrzehnten erprobt und erwiesen. Bedeutende amerikanische Vertreter der Erickson'schen Hypnotherapie sind Jeff Zeig, Ernest Rossi, Jay Haley und Stephen Gilligan.

Absolute Kontraindikation besteht meist bei einer akuten Psychose, psychotischen Zuständen (Manie, schizophrener Schub) und bei paranoiden Vorstellungen. Da eine grundsätzliche Therapiemotivation notwendig ist, können antisoziale Persönlichkeitsstörungen durch Hypnose kaum beeinflusst werden.

Relative Kontraindikation liegt meist dann vor, wenn Rapportverlust während der Hypnose droht, wie bei schweren Borderline- und narzisstischen Störungen. Ursächlich ist die veränderte Realitätsorientierung in der hypnotischen Trance, die nur dann genutzt werden kann, wenn der Rapport aufrechterhalten bleibt.

Die Anwendung bei histrionischer Persönlichkeitsstörung ist umstritten. Einerseits ist zwar meist eine hohe Suggestibilität bei den Patienten vorhanden, andererseits jedoch wird die Gefahr des „Agierens" vermutet.

Keine direkte Kontraindikation besteht bei traumatisierten Personen, jedoch ist in diesen Fällen ein hohes Maß an Einfühlungsvermögen erforderlich. Insbesondere bei Missbrauchsopfern kann die Situation der Hypnose mit der meist stark asymmetrischen Rollenverteilung das Gefühl der Ohnmacht des Patienten wecken, das gerade therapeutisch bearbeitet wird. Wird vermutet, dass nicht erinnerbare Kindheitstraumata symptomauslösend sind, so ist zu beachten, dass die Gefahr von Fehlerinnerungen und induzierten Verzerrungen besteht.[85]

8.13 Hypochondrie

Hypochondrie (griechisch ὑποχόνδρια Gegend unter den Rippen) ist zum einen nach dem internationalen Klassifikationssystem ICD-10 eine psychische Störung (somatoforme Störung), bei der die Betroffenen unter ausgeprägten Ängsten leiden, eine ernsthafte Erkrankung zu haben, ohne dass sich dafür ein angemessener, objektiver Befund finden lässt. Zum anderen ist Hypochondrie ein Symptom, das im Rahmen zahlreicher psychischer Störungen auftreten kann.

Die ursprüngliche Wortschöpfung erfolgte durch Galenos: Der Begriff hängt mit dem griechischen χόνδρος („chondros" für Knorpel) zusammen. Gemeint sind die Rippenknorpel, unter (ὑπό „hypo") welchen man damals den Ursprung der Gemütskrankheiten vermutete. Man ging davon aus, dass die Milz für diese Art von Beschwerden verantwortlich sei,

[85] https://de.wikipedia.org/wiki/Hypnotherapie

weshalb die Hypochondrie vormals „Milzsucht" genannt wurde.

Im Alltagssprachgebrauch wird der Begriff Hypochondrie unklar definiert gebraucht. Er beschreibt generell eine von Angst dominierte Beziehung zum eigenen Körper und zu dessen Funktionen sowie eine Angst vor Krankheiten. Als Hypochonder werden – in der Umgangssprache häufig abschätzig gemeint – um ihre Gesundheit besorgte Menschen bezeichnet, die vermehrt auf Veränderungen von Körperfunktionen achten und auch geringfügige Körpersignale als möglichen Ausdruck schwerer Erkrankungen interpretieren.

Eine übertriebene Selbstbeobachtung kann auch bei psychisch gesunden Menschen zu Fehlwahrnehmungen und häufigen Arztbesuchen führen, wobei auch ausführliche und wiederholte Untersuchungen keine körperliche Ursache der Beschwerden ergeben. Die leicht zugänglichen Möglichkeiten, sich über Internetportale zu Krankheitssymptomen zu erkundigen, führt zu neuen Formen der Krankheitsangst, wie zum Beispiel zur Cyberchondrie.

Der Begriff Hypochondrie ist im allgemeinen Sprachgebrauch negativ besetzt und Hypochonder wird auch als abfällige Bezeichnung eines wehleidigen Menschen gebraucht. Man spricht laienhaft auch von einer eingebildeten Krankheit (siehe Molière, Der eingebildete Kranke), als ob Menschen mit Krankheitsangst generell „nichts" hätten. Dies ist vor allem in Hinblick auf von echter, klinischer Hypochondrie Betroffene problematisch, da diese Menschen nicht wehleidig, sondern schwer psychiatrisch erkrankt sind.

Anders als in der Alltagssprache, ist die Hypochondrie im medizinischen Sinne klar definiert. Das entsprechende Krankheitsbild wurde früher als Hypochondrie bezeichnet, wird aber heutzutage entsprechend der „Internationalen Klassifikation der Krankheiten" (ICD-10) unter „F45.2" als Hypochondrische Störung definiert. Im amerikanischen Klassifikationssystem DSM-5, das seit Mai 2013 Gültigkeit besitzt, wurde die hypochondrische Störung durch die Diagnosen Somatic Symptom Disorder (dt.: Körpersymptomstörung) und Illness Anxiety Disorder (dt.: Krankheitsangststörung) ersetzt. Diese beiden Diagnosen berücksichtigen, dass es zwei bisweilen unabhängig voneinander auftretende Seiten hypochondrischer Symptomatik gibt, namentlich medizinisch unerklärliche Symptome (somatoforme Komponente) und Krankheitsangst (Angstkomponente).

Da Betroffene oft durch intensives Recherchieren im Internet eine Symptomverstärkung erleben, haben sich im ärztlichen Fachjargon auch die Begriffe Morbus Google und Cyberchondrie eingebürgert.

Es gibt Schätzungen, wonach jeder 20. Patient unter Symptomen leidet, die sich aus medizinischer Sicht in ihrer Schwere der Beeinträchtigung nicht erklären lassen. Die Prävalenz der Hypochondrie im Sinne einer echten klinischen Störung liegt jedoch deutlich niedriger, wobei es auch zu schweren Verläufen mit überwertigen Ideen und hypochondrischem Wahn kommen kann. Typischerweise haben die Betroffenen bereits viele medizinische Untersuchungen hinter sich und wechseln häufig den Arzt („Doctor Hopping" oder „Doctor Shopping" genannt).

Kennzeichnend für die hypochondrische Störung nach ICD-10 ist die Tatsache, dass der Patient fürchtet, an einer bestimmten Krankheit (z.B. Krebs) zu leiden. Das Klagen über körperliche Symptome steht nicht im Vordergrund. Je nach Ausprägungsgrad der Symptomatik ist der Betroffene mehr oder weniger durch den Arzt überzeugbar, dass seine Befürchtungen unbegründet sind. Je schwerer die Symptomatik, desto weniger ist dies möglich. Zur Behandlung sind Psychotherapie und der Einsatz von bestimmten Psychopharmaka erfolgversprechend.

Bei nachhaltiger Ausprägung ist Hypochondrie eine ernst zu nehmende Störung, die quälend sowohl für die Betroffenen als auch für ihre Umgebung sein kann. Nach den Ergebnissen einer großen WHO-Studie (Gureje et al., siehe Literatur) zählt Deutschland international zu den Spitzenreitern für hohe Krankheitsangst. Die Krankheit tritt bei Frauen und Männern etwa gleich häufig auf.

Im angelsächsischen Wissenschaftsbetrieb wird Hypochondrie bzw. bestimmte Formen dieser Erkrankung, entgegen der sonst üblichen Einordnung als somatoforme Störung, dem so genannten „Zwangsspektrum" zugeordnet (engl.: „OCD Spectrum Disorders"). Dies insbesondere dann, wenn nicht die Beobachtung von Körpersignalen im Vordergrund steht, sondern die obsessive Angst zu erkranken. Häufig kommen bei dieser Ausprägung auch die für Zwangsstörungen so typischen Zweifel zur Geltung, z.B. an der Kompetenz des Arztes oder diesen richtig verstanden zu haben. Die Einordnung bestimmter hypochondrischer Symptombilder in das Spektrum der Zwangskrankheiten ist jedoch mehr von akademischem Interesse, da beide Erkrankungen mit derselben Form der Verhaltenstherapie und denselben Medikamenten (vor allem SSRI) behandelt werden können.

Studien konnten zeigen, dass Patienten mit Hypochondrie im Gegensatz zu anderen psychosomatischen Patienten mehr Ängste und falsche Überzeugungen über Krankheiten, eine höhere Aufmerksamkeit auf Körperempfindungen, häufiger Ängste vor dem Tod und mehr Misstrauen gegenüber den Meinungen von Ärzten äußerten. Dies, obwohl sie mehr medizinische Behandlungen im Vergleich mit den anderen Patienten aufsuchten. Ebenso konnte gezeigt werden, dass sich Hypochondrie vor allem in folgenden drei Dimensionen äußert:

- Beschäftigung mit dem eigenen Körper
- Krankheitsangst
- Überzeugung vom Vorhandensein einer Krankheit, obwohl sich der eigenen Gesundheit medizinisch rückversichert wird

Menschen mit Hypochondrie sind in der Lage ihren Körper wesentlich besser interozeptiv wahrzunehmen. Zusätzlich neigen sie dazu, diese Wahrnehmungen zu fehlinterpretieren und als gefährlich wahrzunehmen. Im Rahmen der Störung steigt die Aufmerksamkeit auf den eigenen Körper und mögliche Krankheitssymptome, was zu physiologischen Veränderungen führen kann, die wiederum als bedrohlich wahrgenommen werden können. Dies kann zu einem Kreislauf (Rückkoppelung) mit kognitiver Verzerrung/Einengung führen.

Letzterer Prozess kann bei allen Menschen vorübergehend beobachtet werden: neue Informationen über bzw. erhöhte Aufmerksamkeit (z.B. durch AIDS-Kampagnen oder im Rahmen des Medizinstudiums) für eine Krankheit können dazu führen, dass man verstärkt nach Anzeichen dieser Krankheit sucht und verstärkt überlegt, ob man erkrankt sein könnte.[86]

8.14 Hypophyse

Die Hypophyse (gr. ὑπόφυσις hypóphysis „das unten anhängende Gewächs") ist eine Hormondrüse, der eine zentrale übergeordnete Rolle bei der Regulation des Hormonsystems im Körper zukommt. Sie ist eine Art Schnittstelle, mit der das Gehirn über die Freisetzung von Hormonen Vorgänge wie Wachstum, Fortpflanzung und Stoffwechsel reguliert. Die Hypophyse sitzt im Türkensattel (Sella turcica), einer knöchernen Vertiefung der mittleren Schädelgrube auf Höhe der Nase.

Eine geläufige deutsche Bezeichnung ist Hirnanhangsdrüse, die lateinisch-anatomische Bezeichnung ist Glandula pituitaria.

---

[86] https://de.wikipedia.org/wiki/Hypochondrie

Die Hypophyse ist mit dem Hypothalamus über den Hypophysenstiel (Infundibulum) verbunden und wird in

- Hypophysenvorderlappen (HVL oder Adenohypophyse)
- Hypophysenzwischenlappen (HZL)
- Hypophysenhinterlappen (HHL oder Neurohypophyse)

eingeteilt. Entwicklungsgeschichtlich und funktionell unterscheiden sich die Hypophysenlappen voneinander. Während die Adenohypophyse aus einer Ausstülpung des Rachendaches, der sogenannten Rathke-Tasche, hervorgeht und sich der Neurohypophyse anlagert, ist die Neurohypophyse eine Ausstülpung des Zwischenhirns.

Dieser Unterschied ist histologisch zu erkennen, denn während in der Adenohypophyse verschiedene in Ballen angeordnete endokrine Drüsenzellen vorkommen, dominieren in der Neurohypophyse vor allem Nervenzellfortsätze, sogenannte Axone, deren Zellkörper im Hypothalamus liegen. Somit vermag die Adenohypophyse Hormone unter Kontrolle des Hypothalamus selbst zu bilden und die Neurohypophyse ist hingegen als Speicher- und Sekretionsorgan für die im Hypothalamus gebildeten Hormone zuständig.[87]

[87] https://de.wikipedia.org/wiki/Hypophyse

9 Buchstabe I

9.1 Iatrogen

Als iatrogen (altgriechisch „vom Arzt erzeugt") werden Krankheitsbilder bezeichnet, die durch ärztliche Maßnahmen verursacht wurden, unabhängig davon, ob sie nach Stand der ärztlichen Kunst vermeidbar oder unvermeidbar waren. Im weiteren Sinn ist auch jede andere Wirkung ärztlichen Handelns, insbesondere die Heilung, iatrogen.

Zu iatrogen verursachten Krankheitsbildern gehören beispielsweise iatrogene Infektionen sowie unerwünschte Nebenwirkungen von Medikamenten, welche von einem Arzt verabreicht werden.

Ein typisches Beispiel für eine iatrogene Komplikation ist der iatrogene Pneumothorax bei Anlage eines Gefäßkatheters in die Vena subclavia. Fehlerhafte Medikamentenverordnung ist ebenfalls eine wichtige, durch ärztliches Handeln verursachte Komplikation.

In gleicher Bedeutung wird diese Bezeichnung auch in der Psychologie (Psychologische Diagnostik, psychologische Begutachtung) verwendet, wenn Diagnostik, Diagnosen oder Beurteilungen zur Ausprägung oder Verstärkung psychischer Störungen oder Befindensbeeinträchtigungen allein durch die Art der Vermittlung beitragen (iatrogene Noxe).

Eine im Jahr 2009 in Großbritannien durchgeführte Studie des General Medical Council untersuchte über den Zeitraum von einer Woche 124.260 Medikamentenverschreibungen in

19 verschiedenen Krankenhäusern im Nordwesten Englands. Dabei enthielten 11.077 der Verordnungen Fehler, was einer Quote von 8,9 % entspricht. 1,7 % dieser Fehler waren potentiell tödlich. Fast alle Fehler wurden von weiterem Personal entdeckt, bevor die Medikamente dem Patienten verabreicht wurden. Die prozentualen Unterschiede in der Fehlerquote bei Berücksichtigung des Ausbildungsstandes waren gering.

Die Autoren unterbreiteten einige Verbesserungsvorschläge wie Veränderungen im klinischen Umfeld, in der Ausbildung der Mediziner sowie eine Standardisierung des Medikamentenblattes und die Etablierung einer „Fehlerkultur". Eine aktuelle Studie über die Situation in Deutschland existiert nicht.

Laut einem Bericht im Stern sei nur für ein Drittel aller Fehler, die bei der Verordnung von Medikamenten passieren, das Pflegepersonal verantwortlich. Hierbei spielten beispielsweise Verwechslungen eine Rolle. In zwei Drittel der Fälle seien es die Ärzte, zum Beispiel durch Nichtbeachten von Kontraindikationen oder negativen Wechselwirkungen. Auf Stationen der Inneren Medizin sterben laut Artikel nach Berechnungen von Frölich jährlich 57.000 Menschen aufgrund von Arzneimitteln. Davon seien 28.000 Todesfälle vermeidbar.[88]

[88] https://de.wikipedia.org/wiki/Iatrogen

9.2 Idiopathie

Der Begriff Idiopathie (von altgriechisch ἴδιος ídios, deutsch ‚eigen' sowie πάθος páthos, deutsch ‚Leiden') wird in Verbindung mit Krankheiten benutzt, die ohne eine fassbare Ursache entstehen.

Der Begriff idiopathisch wird in der Medizin ähnlich wie der dort synonyme Begriff essentiell benutzt, um in der Benennung der Krankheit einen Hinweis darauf zu geben, dass die Erforschung der Ursache der Erkrankung bislang erfolglos war. Die Begriffsverwendung impliziert keine Wertung in Hinblick auf eine vermutete Ursache oder die Schwere der Erkrankung und unterstellt auch keine Hypochondrie, bei der ein Krankheitsbild vom Patienten befürchtet wird, nicht jedoch durch Befunde objektiviert werden kann.

Bei vielen Erkrankungen, bei denen die Ursache nicht genau geklärt ist, wird der Begriff auch nicht verwendet. Da heute die Ursachenforschung von Krankheiten kontinuierlich fortschreitet, wird der Begriff seltener verwendet.

Der englische Arzt Thomas Willis vertrat zum Beispiel 1672 erstmals die Theorie, dass die Migräne idiopathisch sei.

Der deutsche Pädiater Stephan Heinrich Nolte prägte 1993 den Begriff „idiopathische Medizin" als eine Medizin, die die Erkenntnis und die Akzeptanz der Schicksalshaftigkeit von Gesundheit und Krankheit in ihren somatischen und psychosozialen Bedingtheiten und Zusammenhängen akzeptiert, und eine empathisch begleitende und beratende ärztliche Grundhaltung gegen eine von therapeutischem Aktionismus geprägte handlungsorientierte Medizin abgrenzt. Dahinter steht eine Grundhaltung, die davon ausgeht, dass das, was uns gesund erhält (Salutogenese), in der Regel ebenso wenig bekannt ist wie das, was krank macht (Pathogenese). Das gilt auf der körperlichen ebenso wie auf der psychischen Ebene.

Ehe nun durch blindes therapeutisches Handeln in einem komplexen System mehr Schaden als Nutzen angerichtet wird, sollten Ärzte angesichts dieses Unverständnisses den Patienten empathisch begleiten und stärken sowie mechanische, psychische und soziale Heilungshindernisse erkennen und beseitigen.[89]

9.3 Imagination

Imagination (lateinisch imago „Bild") ist synonym mit Einbildung, Einbildungskraft, Phantasie, bildhaft anschaulichem Vorstellen. Darunter wird die psychische Fähigkeit verstanden, sich Bilder im Geiste zu entwickeln oder sich an solche zu erinnern und diese mit dem inneren geistigen Auge anschaulich wahrzunehmen. Über diese Fähigkeit verfügen manche Menschen problemlos, andere hingegen nur mit großer Anstrengung oder gar mit Hilfe unbewusster Abläufe unter Hypnose. In der Medizin des 18. Jahrhunderts wurde die Imagination systematisch zu Heilzwecken verwendet.

[89] https://de.wikipedia.org/wiki/Idiopathie

Zur Unterscheidung im wissenschaftlichen Kontext ist es wichtig, dass Imaginationen Einbildungen sind, während Phantasien Umbildungen von inneren Bildern sind.

Im psychotherapeutischen Sinne ist Imagination das Vermögen, bei wachem Bewusstsein mit (zumeist) geschlossenen Augen innere bzw. mentale Bilder wahrzunehmen. Die inneren Bilder ähneln Traumbildern, ihr Entstehen kann jedoch willentlich gefördert und modifiziert werden. Imagination(sübungen) werden oft mit Entspannungsmethoden kombiniert.

Dem lat. imago liegt die Bedeutung von Bild, Bildnis, Abbild, Trug- und Traumbild, Vorstellung, Ahnenbild, Wachsmaske, Schattenbild zugrunde, vgl. auch → Imago (Psychologie). Es besteht eine Beziehung zu lat. imitari = imitieren und aemulari = wetteifern, nacheifern, insofern als ein „Bild" nicht der Wirklichkeit entspricht, sondern sie nur „nachahmt" oder mit ihr „wetteifert". Imaginär wird in der deutschen Sprache als unwirklich, nur in der Vorstellung vorhanden, definiert.

Der Mitte des 17. Jahrhunderts aufgekommene synonyme Begriff Einbildungskraft ist ebenso wie Imagination lateinischen Ursprungs, da er aus dem lat. facultas imaginandi ins Deutsche übertragen wurde. Es handelt sich dabei sprachwissenschaftlich um eine sog. Lehnübersetzung.

Methoden mit Imaginationstechniken sind z.B.: Die Oberstufe des autogenen Trainings, katathymes Bilderleben, Hypnose mit hypnagogen Bildern, Meditation, Klartraum. Die entstehenden Bilder können sowohl durch Vorstellungs- inhalte, Sätze und Gedanken beeinflusst werden, führen aber auch eine unbewusste Eigendynamik und sind damit, wie auch die Atmung, sowohl bewusst als auch unbewusst gesteuert.

Die Imagination wurde und wird in vielen Kulturen im religiösen Kontext angewandt und ist von Carl Gustav Jung in die Psychotherapie eingeführt worden, der die bewusst erlebten inneren Bilder als Mittler zwischen Bewusstsein und Unbewusstem ansah.

Imaginationen werden im Rahmen vieler unterschiedlicher Psychotherapieformen eingesetzt, insbesondere bei tiefenpsychologisch orientierten Verfahren, aber auch im Kontext von Logotherapie und Existenzanalyse (unter anderem Böschemeyer), bei kognitiver Verhaltenstherapie (Lazarus) u.a.

Ab ca. 1950 versuchte Hanscarl Leuner Imaginationen für die Medizin nutzbar zu machen und systematisierte auf psychoanalytischer Grundlage Vorgehen und Ausbildung. Eine fachlich gediegene Grundausbildung (Medizin, Psychologie) erscheint für eine professionelle Arbeit mit Tiefen-Imaginationen unabdingbar.

Wie Träume eröffnen Imaginationen Fenster zum Unbewussten. Im Unterschied zu Träumen geht es bei Imaginationen aber um mehr oder weniger bewusst kontrollierte bildhafte Vorstellungen, wobei alle Sinne beteiligt sein können (Sehen, Hören, Schmecken usw.). Stellen Sie sich einfach mal vor, Sie schneiden eine Zitrone auf und beißen hinein!

Je nach Stärke der Ich-Kontrolle kann man Visualisierung z.B. nach Simonton (stärker bewusst kontrolliert), geführte Imaginationen als Phantasiereisen (Kontrolle wird wesentlich an Begleiter abgegeben, oft auch bei der Hypnotherapie) und tiefe, authentische Imaginationen (Tiefenimaginationen) unterscheiden, bei denen die bewusste Kontrolle in einem hypnoiden Zustand so weit wie möglich zurückgenommen wird, was eine gewisse Angstfreiheit und zumindest in der Anfangsphase professionell geschulte Begleitung nötig macht.

Imagination im Rahmen einer Psychotherapie kann bei vielen psychischen Störungen angewendet werden.

Die Reinkarnationstherapie verwendet Imaginationen von früheren oder zukünftigen Leben, um Probleme „in der aktuellen Inkarnation" zu heilen.

Für Patienten mit chronischen Schmerzen haben sich besonders positive Bilder (Strandszenen, Naturbilder, Spaziergänge, Urlaubsbilder) als hilfreich herausgestellt.

Die Kombination der Entspannung mit der Imagination hat folgende Vorteile:

- Entspannung wird vertieft
- Positive Emotionen werden erlebt
- Verstärkte Schmerzablenkung

- Motivation zur Krankheitsbewältigung wird gestärkt.

9.4 Impotenz

Das Wort Impotenz ist der Oberbegriff für die Eigenschaften:

- Erektile Dysfunktion: auch impotentia coeundi, die Unfähigkeit, eine Erektion zu bekommen oder ausreichend lange zu halten
- Anejakulation: auch impotentia ejaculandi, die Unfähigkeit, einen Samenerguss zu bekommen
- Impotentia generandi: die Unfähigkeit, Kinder zu zeugen, trotz ungestörter Erektions- und Orgasmusfähigkeit

Eine erektile Dysfunktion – Abkürzung ED, auch Erektionsstörung, Potenzstörung, Impotentia coeundi (von lateinisch coire ‚zusammengehen', ‚sich begatten', vgl. Koitus), im Volksmund auch Impotenz – ist eine Sexualstörung, bei der es einem Mann über einen längeren Zeitraum hinweg in der Mehrzahl der Versuche nicht gelingt, eine für ein befriedigendes Sexualleben ausreichende Erektion des Penis zu erzielen oder beizubehalten. Kurzfristige Erektionsstörungen gelten hingegen nicht als ED.

Die ED ist eine schwerwiegende Erkrankung. Dank moderner Untersuchungsmethoden ist heute bekannt, dass in der überwiegenden Zahl der Fälle organische Leiden eine Rolle spielen. Treten jedoch gleichzeitig nächtliche Erektionen auf, sind psychische Ursachen anzunehmen.

Die ED ist häufig auch Vorbote anderer, noch schwerer wiegender Erkrankungen und sollte daher immer ärztlich untersucht werden. Wissenschaftliche Studien zeigen, dass die ED oft ein Hinweis auf bevorstehenden Herzinfarkt und Schlaganfall ist, da die Blutgefäße des Penis denen des Herzens ähneln. Nach einer diagnostizierten ED sollte daher immer ein Internist beziehungsweise Kardiologe hinzugezogen werden.

Viele Betroffene gehen aus falscher Scham zunächst nicht zum Andrologen. Oft aber ist eine rasche – bei Verletzungen sofortige – Untersuchung erforderlich, um Langzeitschäden zu vermeiden und die Fähigkeit zur Erektion erfolgreich wiederherstellen zu können.

Anejakulation (Zusammensetzung der griechischen Vorsilbe an- und des lateinischen abgeleiteten Wortes „Ejakulation"), lat. auch Impotentia ejaculandi, bezeichnet das Ausbleiben der eine Ejakulation direkt auslösenden unwillkürlichen Kontraktionen der Geschlechtsorgane bei vorhandenem Orgasmus und ist eine Form der sexuellen Funktionsstörung. Eine Verzögerung des Samenergusses wird als Ejaculatio retarda bezeichnet.

Grund für eine Anejakulation ist meist eine Verletzung der Wirbelsäule in Kombination mit kompletten oder inkompletten Querschnittsläsionen. Darüber hinaus kann sie eine

Folge von neurologischen Erkrankungen (z.B. Multiple Sklerose, Diabetes mellitus etc.) oder von operativen Eingriffen im Retroperitoneum oder kleinen Becken sein. In seltenen Fällen können auch psychische Erkrankungen zur Anejakulation führen.

Impotentia generandi, deutsch Zeugungsunfähigkeit, Infertilität, Sterilität des Mannes bezeichnet die Unfähigkeit des Mannes, Kinder zu zeugen. Wie Impotentia coeundi und Impotentia ejaculandi sind dies wissenschaftlich bzw. theologisch versachlichte Ausdrücke für sexuelle Störungen.[90]

9.5 Inneres Kind

Das Innere Kind gehört zu einer modellhaften Betrachtungsweise innerer Erlebniswelten, die durch Bücher von John Bradshaw und Erika Chopich/ Margaret Paul bekannt wurden. Es bezeichnet und symbolisiert die im Gehirn gespeicherten Gefühle, Erinnerungen und Erfahrungen aus der eigenen Kindheit. Hierzu gehört das ganze Spektrum intensiver Gefühle wie unbändige Freude, abgrundtiefer Schmerz, Glück und Traurigkeit, Intuition und Neugierde, Gefühle von Verlassenheit, Angst oder Wut. Das Innere Kind umfasst alles innerhalb des Bereiches von Sein, Fühlen und Erleben, welches speziellen Gehirnarealen zugeordnet wird.

Die Arbeit mit dem Inneren Kind funktioniert nach dem Prinzip der beabsichtigten, bewussten, therapeutischen Ich-

[90] https://de.wikipedia.org/wiki/Erektile_Dysfunktion

Spaltung zwischen dem beobachtenden, reflektierenden inneren Erwachsenen-Ich und dem erlebenden Inneren Kind.

In der modellhaften Vorstellung eines Inneren Kindes, die in der psychotherapeutischen Arbeit eingesetzt wird, „übersetzen" die genannten Autoren tiefenpsychologische und psychoanalytische theoretische Annahmen in eine für den interessierten Laien verständliche Sprache. Solche vereinfachte, zum Teil populärwissenschaftliche Darstellung beabsichtigt nicht, die komplexe und konfliktorientierte Differenziertheit psychodynamischer Theorien darzustellen. Sie bietet jedoch eine verständliche, nachvollziehbare und handhabbare Beschreibung innerer Prozesse, welche dem Leser ermöglicht, tiefenpsychologische Erkenntnisse in gewissem Maße für sich selbst zu nutzen.

Unabhängig voneinander und aufeinander aufbauend haben sich seit den 1990er Jahren verschiedene Ansätze der „Inneren-Kind-Arbeit" entwickelt und in unterschiedlichen therapeutischen Verfahren manifestiert. Die Vorstellung des „Inneren Kindes" wird je nach Therapieform mit unterschiedlichen anderen inneren Elementen verbunden wie beispielsweise: „Innerer Erwachsener", „Innerer Regisseur", „Hilfreiche Wesen", „guter, sicherer Ort". Gemeinsames Ziel dieser Ansätze ist es, seelische Wunden aus der Vergangenheit und Gegenwart zu heilen, falsche oder dysfunktionale Glaubens- und Lebensmuster zu erkennen, Probleme selbstverantwortlich und selbstkompetent zu lösen sowie liebevollen Umgang mit sich selbst und anderen zu bewirken.

Die Grundannahme in der Arbeit mit dem Inneren Kind spiegelt sich in einem in diesem Zusammenhang häufig zitierten Satz: „Es ist nie zu spät für eine glückliche Kindheit", der sowohl Erich Kästner als auch Milton Erickson zugesprochen wird. Es wird angestrebt, auf der einen Seite positives Erleben aus der Kindheit ins Bewusstsein zu heben und damit als Ressource nutzbar zu machen und auf der anderen Seite im „Hier und Jetzt" die emotionale Zuwendung, die in der Kindheit gefehlt hatte, sich selbst eigenständig zu geben und psychische Verletzungen aus der Kindheit zu heilen.

Es wird angenommen, dass sowohl positive als auch negative frühkindliche Erfahrungen im Gehirn gespeichert sind und unter bestimmten Bedingungen dem Bewusstsein zugänglich und damit wieder erlebbar werden. Danach können positive Erfahrungen, wie kindliche Neugier, Begeisterungsfähigkeit, Staunen, Lebendigkeit, Spontaneität oder die Fähigkeit, ganz in der Gegenwart zu sein oder auch negative Erfahrungen, wie die kindliche Verwundbarkeit und kindliche Ängste vor Verletzungen und Zurückweisung, erlebbar werden. Es wird angenommen, dass die Sehnsucht nach Liebe und Anerkennung und danach, bedingungslos angenommen zu werden, Ausdruck frühkindlicher Grundbedürfnisse ist.

In der Arbeit mit dem Inneren Kind wird davon ausgegangen, dass ein Mensch, der als Kind wenig Liebe und Anerkennung erfahren hat und häufig durch Missachtung, Liebesentzug, Verlassenwerden oder Entwertung verletzt wurde, in seinem Selbstwertgefühl beschädigt wurde und dann als Erwachsener ein unangemessen großes Verlangen nach Zuwendung durch andere Menschen entwickelt, und dass bei einem solchen Menschen schon wenig Kritik alte Kindheitsverletzungen aktualisieren kann und er dadurch übermäßig kränkbar ist.

Hat das Kind in der Vergangenheit viel Schmerz oder Traumatisierungen erlebt, wird es möglicherweise vom inneren Erwachsenen abgetrennt. Der Erwachsene will sich damit davor schützen, den Schmerz des Kindes zu fühlen und lehnt es ab, die Verantwortung für es zu übernehmen. Er möchte die eigene Hilflosigkeit und „Ausgeliefertheit" nicht spüren oder fühlt sich überfordert, das Kind zu versorgen. So haben viele Menschen beim Heranwachsen gelernt, den Zugang zu ihrem Inneren Kind zu drosseln oder abzuschneiden, um bestimmte Gefühle zu verdrängen. Das Problem entsteht, weil es nicht möglich ist, nur die schlimmen Gefühle auszuklammern, sondern gleichzeitig der Zugang zu den positiven Gefühlen versperrt wird.

Das abgelehnte Innere Kind empfindet sich dann als unzulänglich, schlecht, nicht liebenswert und entwickelt intensive Gefühle von Schuld und Scham. Es lernt, sich davor zu fürchten, dass die Menschen es verlassen und zurückweisen. Dieses „ungeliebte Kind" lebt in der ständigen Erwartung zurückgewiesen zu werden und projiziert diese Erwartung auf andere Menschen, unterstellt ihnen, es permanent abzulehnen. So kann beispielsweise geringfügige Kritik durch den Partner panische Angst auslösen, weil das innere Kind diese Kritik mit altbekannten Gefühlen von Angst vor Strafe und Zurückweisung verbindet, und eine an sich harmlose Situation kann unangemessen eskalieren.

Der „lieblose Erwachsene", der das Kind nicht annimmt, verhält sich so, wie seine Eltern oder andere Bezugspersonen ihn geprägt haben. Er handelt nach falschen Glaubensmustern/Widerstandsmustern zum inneren Kind, sie können beispielsweise heißen:

- Ich kann mich selbst nicht glücklich machen, andere können das besser als ich.
- Andere sind für meine Gefühle verantwortlich, und ich bin für ihre verantwortlich.
- Ich wäre egoistisch und falsch, wenn ich mich selbst glücklich machte.
- Im Grunde meines Wesens bin ich schlecht.
- Am besten ist es, Bedürfnisse nach Liebe und Zuwendung wegzuschieben.

Chopich und Paul betrachten eine ablehnende Haltung gegenüber der Arbeit mit dem inneren Kind als Widerstand in einem ähnlichen Sinne wie die klassische Psychoanalyse Widerstände versteht. Sie glauben, dass sich in der Ablehnung der Arbeit mit dem inneren Kind eine frühere real erfahrene Ablehnung des Kindes spiegelt und dass sich das in Aussagen wie diesen ausdrückt:

- In mir gibt es kein inneres Kind, andere haben es vielleicht, ich aber nicht.

- Niemand an meinem Arbeitsplatz würde mich noch respektieren, wenn ich kindlich wäre.

- Ich werde nie etwas zustande bringen, wenn ich das Kind in mir rauslasse.

- Ich kann dem Kind nicht vertrauen, es wird mir nur Ärger machen.

- Wenn ich mich meinem Kind öffne, werde ich die Kontrolle über mein Leben verlieren.

Das Ziel einer Therapie ist, eine liebevolle innere Verbindung zwischen dem Inneren Kind und dem liebevollen Erwachsenen herzustellen, um (wieder) Zugang zu den tiefen Quellen der Freude, Wahrnehmung und Intuition zu erlangen.

Es ist nötig, dass der innere Erwachsene sich dafür entscheidet, das Kind anzunehmen und sich mit seiner „inneren Wahrheit" zu verbinden. Sie ist für den Erwachsenen eine Orientierung dabei, die falschen Glaubensmuster zu beseitigen und bessere Glaubenssätze zu finden, nach denen er leben möchte. Wenn das Innere Kind angenommen wird, können solche guten Glaubenssätze heißen:

- Ich bin selbst verantwortlich für mein Glück.

- Ich bin bereit, meine Gefühle wahrzunehmen und anzunehmen.

- Ich bin offen für Neues und Veränderungen in meinem Leben.

- Ich bin stark genug, für mich selbst zu sorgen und für mein Wohlgefühl die Verantwortung zu übernehmen.

- Ich darf neugierig und verspielt, albern und spontan, lebendig und sensibel sein.

- Ich darf aber auch zornig und traurig sein, denn durch meine Selbstliebe erkenne ich, dass alle Gefühle wichtige Teile meiner selbst sind.

Mit der Übernahme der Selbstverantwortung wird der Mensch mehr und mehr unabhängig von der Meinung und dem Wohlwollen anderer, was nicht bedeutet, dass er sich über Zuwendung anderer nicht mehr freut. Jedoch erkennt er, dass er weder körperlich noch seelisch umkommt, wenn eine Lebenssituation es nötig macht, dass er für sein Wohlergehen selbst sorgen muss.

Steht der Mensch mit seinem Inneren Kind in einer liebevollen Verbindung, erlebt er das ganze Leben anders: Er fühlt sich liebevoll mit den Menschen und mit der gesamten Natur verbunden, weil er mit sich selbst verbunden ist. Diese innere Verbindung ist eine große Kraftquelle und stellt eine Ressource dar.

Die konzeptionelle Vorstellung eines inneren Kindes als Anteil der Persönlichkeit wird in vielen Psychotherapierichtungen genutzt und war schon in Freuds psychoanalytischen Theorien implizit angelegt, wurde aber lange Zeit nicht so benannt. Das Modell vom Inneren Kind findet unter anderem in folgenden therapeutischen Richtungen Anwendung:

- Der Transaktionsanalyse von Eric Berne. Dem „Kind-Ich" werden hier weitere fiktive „Innere Instanzen" beigeordnet. Das „Erwachsenen-Ich" wird zum „inneren (liebenden) Erwachsenen" oder zum „Inneren Regisseur", das „Eltern-Ich" wird zum „Inneren Manager". Der Regisseur/innere Erwachsene steht dabei für die Entscheidungsebene, den Mittler, der den spontanen Impulsen des Inneren Kindes sowie den sehr kopflastigen Entscheidungen des Inneren Managers eine für die Situation angemessene Entscheidung entgegenstellen soll.

- Die Schematherapie arbeitet mittels Imagination mit verschiedenen Kind-Modi (verletztes, verärgertes, undiszipliniertes, glückliches Kind) und mit sogenannten „maladaptiven Schemata", die den falschen Glaubensmustern/Lebensmustern entsprechen. Über imaginatives Rollenspiel und „Reparenting" durch den Therapeuten soll der „gesunde Erwachsene" modellhaft erfahren und installiert werden, um für das Innere Kind zukünftig zu sorgen.

- Die Psychodynamisch Imaginative Traumatherapie (PITT): Das innere Kind kann dabei auf einer fiktiven

„inneren Bühne" an einen inneren „sicheren Ort" gebracht und dort von idealen „Helferwesen" versorgt und beschützt werden. S. 101 In der Stabilisierungsphase der PITT kann ein spezielles Skillstraining, das Elemente aus der Dialektisch-Behavioralen Therapie verwendet, auch für eine Gruppe „Erwachsener mit inneren Problemkindern" eingesetzt werden.

- Die Katathym-Imaginative Psychotherapie arbeitet mit ähnlichen Bildern wie die Psychodynamisch Imaginative Traumatherapie.

- In der Ego-State-Therapie werden das Innere Kind oder die Inneren Kinder als verschiedene Ego-States verstanden.

- Die psychodynamische Sichtweise neuerer Entwicklungen entfernt sich von der Vorstellung einer homogenen Persönlichkeit und betrachtet innerseelische Vorgänge als ein Beziehungssystem von Ich- Zuständen die miteinander in Kontakt stehen und im Krankheitsfall den Kontakt mehr oder weniger verlieren.

- Das Bonding (Psychotherapie) arbeitet nicht mit inneren Anteilen wie „Inneres Kind", jedoch mit den zugehörigen Gefühlen und Glaubensmustern aus der Kindheit.

- Die Hakomi-Methode ist ein körperpsychotherapeutischer Ansatz, der über die Körperwahrnehmung den Zugang zum inneren Kind sucht und bei der Arbeit mit dem inneren Kind körperliche Empfindungen in den Fokus der Aufmerksamkeit rückt.

- Beim „Imaginativen Reprozessieren" im Rahmen der EMDR-Therapie/Eye Movement Desensitization and Reprocessing bearbeitet der Patient seine Erinnerungen in symbolisch-metaphorischer Form. Dabei finden häufig spontan Prozesse statt, die der Inneren-Kind-Arbeit entsprechen.

- Die Systemische Therapie findet in Form von Innerer-Kind-Arbeit Anwendung auf innere Prozesse. Sie geht von der Multiplizität der Persönlichkeit aus mit Anteilen und einem führenden, vermittelndem Selbst, zwischen denen ein gesunder Gleichgewichtszustand angestrebt wird, wobei sie mit Ressourcen und Grenzsetzung versorgt werden.

Die therapeutische Arbeit mit dem Inneren-Kind-Ansatz hat sich als sehr effektiv erwiesen. Wenn sich Patienten mit dieser Arbeit vertraut machen können, führt dies zu einem erheblichen Zuwachs an Selbstberuhigungskompetenz.

Es fällt auf, wie schnell sich Menschen verändern, wenn sie mit dem inneren Kind arbeiten. Diese Veränderung ist sehr tiefgreifend und setzt ein hohes Maß an Kraft und Kreativität frei, wenn die Wunden der Vergangenheit geheilt sind. [91]

---

[91] https://de.wikipedia.org/wiki/Inneres_Kind

9.6 Insulin

Insulin (andere Namen: Insulinum, Insulinhormon, Inselhormon) ist ein für alle Wirbeltiere lebenswichtiges Proteohormon (Polypetidhormon), das in den β-Zellen der Bauchspeicheldrüse gebildet wird. Diese spezialisierten Zellen befinden sich nur in den Langerhans-Inseln. Von diesen Inseln leitet sich auch der Name „Insulin" ab (lateinisch insula). Insulin senkt den Blutzuckerspiegel, indem es andere Körperzellen dazu anregt, Glukose aus dem Blut aufzunehmen.

Die Regulation der Konzentration von Glukose im Blut erfolgt durch einen Regelkreis aus zwei Hormonen, die abhängig von der Blutzuckerkonzentration ausgeschüttet werden. Insulin ist das einzige Hormon, das den Blutzuckerspiegel senken kann. Sein Gegenspieler ist das Glucagon, dessen Hauptaufgabe es ist, den Blutzuckerspiegel zu erhöhen. Auch Adrenalin, Kortisol und Schilddrüsenhormone haben blutzuckersteigernde Wirkungen.

Der Blutzuckerspiegel steigt vor allem nach der Aufnahme von kohlenhydratreicher Nahrung. Als Reaktion darauf wird von den β-Zellen Insulin ins Blut ausgeschüttet. Insulin senkt den Blutzuckerspiegel dadurch, dass es mittels seiner „Schlüsselfunktion" der Glukose aus dem Blutplasma und der Gewebsflüssigkeit den Durchtritt durch die Zellmembran in das Zellinnere ermöglicht. Vor allem die Leber- und Muskelzellen können in kurzer Zeit große Mengen Glukose aufnehmen und sie in Form von Glykogen speichern oder in Energie umwandeln (siehe Glykolyse).

Auch auf andere Zellen wirkt das Hormon, so hat es Einfluss auf den Fett- und Aminosäurestoffwechsel sowie auf den Kaliumhaushalt.

Das Hormon ist wesentlicher Faktor folgender Erkrankungen:

- Diabetes mellitus
- Hyperinsulinismus
- Insulinom
- Insulinresistenz
- Metabolisches Syndrom

Das im Blut zirkulierende Insulin entfaltet seine Wirkung durch Bindung an Insulinrezeptoren.[92]

9.7 Intelligent Design

Intelligent Design (dt.: ‚intelligenter Entwurf', ‚intelligente Gestaltung'; abgekürzt ID) ist die kreationistische Auffassung, dass sich bestimmte Eigenschaften des Universums und des Lebens auf der Erde am besten durch einen intelligenten Urheber erklären lassen und nicht durch einen Vorgang ohne solche Leitung, wie die natürliche Selektion.

[92] https://de.wikipedia.org/wiki/Insulin

Es ist eine moderne Fassung des traditionellen teleologischen Arguments für die Existenz Gottes, die versucht, sich Aussagen über das Wesen oder die Identität des Designers vollständig zu enthalten. Diese Idee wurde von einer Gruppe von US-amerikanischen Neokreationisten entwickelt, die ihre Behauptungen aus der Kreationismus-Kontroverse abänderten, um gerichtliche Entscheidungen zu umgehen, die es in den USA verbieten, Kreationismus als Schulfach zu unterrichten. Alle führenden Intelligent-Design-Vertreter sind US-Amerikaner und gehören dem Discovery Institute an, einer konservativen Denkfabrik. Sie glauben, dass der „Designer" der christliche Gott sei.

Die Anhänger des Intelligent Designs verstehen Intelligent Design als wissenschaftliche Theorie und versuchen, den Begriff der Wissenschaft grundlegend umzudefinieren, so dass er auch übernatürliche Erklärungen zulässt. Sie vertreten den Standpunkt, dass Intelligent Design mit vorhandenen wissenschaftlichen Theorien zum Ursprung des Lebens auf einer Stufe steht oder ihnen überlegen ist und dass sich mit Komplexitätskriterien zwingend beweisen oder sehr wahrscheinlich machen lässt, dass das Leben auf ähnliche Weise entstanden sein muss wie vom Menschen für einen Zweck geschaffene Nutzgegenstände.

Nach Ansicht der Wissenschaftsgemeinde ist Intelligent Design keine Wissenschaft. Die National Academy of Sciences führt aus, dass „Kreationismus, Intelligent Design sowie ähnliche Ansichten, die einen übernatürlichen Eingriff bei der Entstehung des Lebens oder der Arten behaupten, keine

Wissenschaft sind, weil sie mit den Methoden der Wissenschaft nicht überprüft werden können."

Intelligent Design entstand als Antwort auf das Urteil des United States Supreme Court im Fall Edwards vs. Aguillard, bei dem es um die Trennung von Staat und Kirche ging. Erstmals wurde dieser Standpunkt 1989 in Of Pandas and People, einem Schulbuch für den Biologieunterricht an weiterführenden Schulen, veröffentlicht. Weitere Bücher darüber erschienen in den 1990er Jahren.

Mitte der 1990er wurden die Vertreter des Intelligent Designs nach und nach im Umfeld des Discovery Institute aktiv und begannen, für die Aufnahme von Intelligent Design in den Lehrplan öffentlicher Schulen zu werben. Durch die zentrale Rolle, die das Discovery Institute und sein Center for Science and Culture bei Organisation und Finanzierung spielte, drang die Intelligent-Design-Bewegung in den späten 1990ern und den frühen 2000ern verstärkt in die Öffentlichkeit.

Die Absicht, im öffentlichen Schulunterricht Intelligent Design als alternative Erklärung für den Ursprung des Lebens darzustellen, mündete schließlich im Verfahren Kitzmiller vs. Dover Area School District. Eltern griffen einen Erlass an, gemäß dem Intelligent Design im Biologieunterricht dargestellt werden sollte. Der vorsitzende Bezirksrichter John E. Jones III entschied, Intelligent Design sei keine Wissenschaft und könne sich „nicht von seinen kreationistischen und daher religiösen Wurzeln lösen". Daher, so sein Urteil, verletze es die Establishment Clause des ersten Verfassungszusatzes der

US-amerikanischen Verfassung, wonach es der Regierung verboten ist, eine Staatsreligion einzuführen oder Handlungen vorzunehmen, die in unangemessener Weise eine Religion bzw. Nicht-Religion bevorzugen.

Intelligent Design nahm vergleichbare Erklärungsversuche aus dem 18. Jahrhundert wieder auf und wurde zu Ausgang des 20. Jahrhunderts in den USA als evangelikaler Gegenentwurf zu den biologischen und naturwissenschaftlichen Erklärungen zur Entstehung des Lebens und zum Teil als neokonservativer Kampfbegriff gegen die naturwissenschaftliche Evolutionstheorie konzipiert.

Es steht im Widerspruch zur synthetischen Evolutionstheorie der Biowissenschaften, die die Entstehung der Natur durch beobachtbare Vorgänge wie Mutation, Rekombination und Selektion erklären und diese Erklärung durch Experimente und das Sammeln wissenschaftlicher Daten fortwährend prüfen und verifizieren.

Sein erklärter Zweck ist zu untersuchen, ob man aus den empirischen Belegen schließen kann, dass das Leben auf der Erde durch die schöpferische Handlung eines oder mehrerer intelligenter handelnder Urheber entstand. Der Theologe William Dembski, einer der führenden Vertreter von Intelligent Design, nannte als zentrale Behauptung, dass natürliche Systeme nicht hinreichend durch ungeleitete natürliche Vorgänge erklärt werden könnten und dass sie Merkmale zeigten, die wir in jedem anderen Zusammenhang einer Intelligenz zuschreiben würden. Der britische Genetikprofessor Steve Jones hat darauf geantwortet, diese Aussage

„speist sich aus Denkfaulheit und Arroganz: ‚Ich bin ein kluger Kerl und ich kann nicht verstehen, wie das alles durch Evolution entstehen konnte. Also konnte es nicht durch Evolution entstehen'."

Befürworter von Intelligent Design suchen nach Belegen für sogenannte Intelligenzanzeichen (signs of intelligence) – physikalische Eigenschaften eines Objekts, die in Richtung eines Designers deuten sollen. Als Metapher wird der Archäologe verwendet, der eine Steinstatue findet und den Schluss zieht, dass sie durch eine schöpferische Handlung entstand. Da es nicht gerechtfertigt ist, als Archäologe zu behaupten, dass eine Statue lediglich ein zufällig von der Natur ungewöhnlich geformter Felsblock ist, postulieren die Anhänger von Intelligent Design in einem Analogieschluss die Existenz eines Designers, der die Lebewesen entworfen haben muss.

Die am häufigsten genannten Merkmale sind nichtreduzierbare Komplexität, Informationsmechanismen und spezifizierte Komplexität. Die Intelligent-Design-Anhänger argumentieren, dass sich bei Lebewesen eines oder mehrere dieser Merkmale feststellen ließen, woraus sie schlussfolgern, dass mindestens einige Aspekte des Lebens durch eine direkte schöpferische Handlung des Designers entstanden sein müssen.

Die Intelligent-Design-Befürworter argumentieren weiter, dass, wenn auch Belege für die Natur einer intelligenten Ursache oder eines intelligenten Akteurs nicht unbedingt direkt beobachtbar seien, dessen Auswirkungen auf die Natur erkennbar seien. Dembski schreibt dazu:

„Befürworter sehen Intelligent Design als ein wissenschaftliches Forschungsprogramm an, welches die Auswirkungen von intelligenten Ursachen untersucht. Man muss beachten, dass dabei die Auswirkungen einer intelligenten Ursache untersucht werden, nicht die intelligenten Ursachen als solche."

Nach dieser Sichtweise kann man innerhalb eines geschlossenen Systems die Identität von Einwirkungen, die von außerhalb dieses Systems kommen, nicht überprüfen, sodass Fragen über die Identität des Designers außerhalb der Reichweite des Konzepts liegen.[93]

9.8 Internalisierung

In der Psychoanalyse werden mit dem Begriff Internalisierung die Prozesse charakterisiert, bei denen der Patient reale oder phantasierte Interaktionen mit seiner Umwelt in innere Regulationen und Charakteristika übernimmt. Diese Vorgänge sind das Gegenstück der Externalisierungsprozesse.

[93] https://de.wikipedia.org/wiki/Intelligent_Design

9.9 Introversion

Introversion ist eine Persönlichkeitseigenschaft, die durch die Interaktion mit der Umwelt charakterisiert wird. Den Begriffen nach bezeichnet Introversion eine nach innen, Extraversion eine nach außen gewandte Haltung.

„Introversion" ist der Gegenpol zu Extraversion. Introvertierte Charaktere wenden ihre Aufmerksamkeit und Energie stärker auf ihr Innenleben. In Gruppen neigen sie eher zum passiven Beobachten als Handeln und werden häufig als „still", „zurückhaltend" und „ruhig" beschrieben. Introversion ist nicht unbedingt gleichzusetzen mit Schüchternheit.

Ein markanter Unterschied zwischen introvertierten und extravertierten Personen ist, dass sich der Introvertierte nach längerer Dauer ohne Zeit „für sich selbst" im Gegensatz zum Extravertierten energielos und „ausgesaugt" fühlt. Daher bevorzugen introvertiert geprägte Menschen oft eine ruhige Umgebung, wie z.B. die eigene Wohnung, Bibliotheken, Parks, Wälder etc. Oft nutzen Introvertierte auch ihre Wochenenden und ihre Freizeit, um sich zu erholen, indem sie je nach Möglichkeit so viel Zeit wie möglich allein oder mit engen Freunden und Bekannten verbringen. Dabei genießen sie, anders als von Außenstehenden häufig angenommen, diese Zeit, da sie sich nur auf diese Art effektiv erholen und nachdenken können.

Irrtümlicherweise werden Absagen von Partys, Ablehnungen von Verabredungen oder ein Ausbleiben von Kontaktaufnahme vom Bekannten- und Freundeskreis introvertierter Menschen in vielen Fällen so aufgefasst, als ob von Seite des Introvertierten kein Interesse oder Gleichgültigkeit an der Freundschaft bzw. Bekanntschaft bestünde. Introvertierte streben genauso wie auch Extravertierte nach sozialen Kontakten, Freundschaften und Unternehmungen, jedoch nicht in solchem Umfang wie andere. So meiden Introvertierte meist überfüllte Partys und Veranstaltungen, verbringen dagegen aber gerne ein paar ruhige Stunden mit ihnen bereits vertrauten Freunden, solange die Gruppe nicht größer als 4–6 Personen ist.

Introvertierte Temperamente sind der Phlegmatiker und der Melancholiker.[94]

Siehe auch Extraversion.

9.10 Intuition

Intuition (von mittellateinisch intuitio = unmittelbare Anschauung, zu lateinisch intueri = genau hinsehen, anschauen) ist die Fähigkeit, Einsichten in Sachverhalte, Sichtweisen, Gesetzmäßigkeiten oder die subjektive Stimmigkeit von Entscheidungen zu erlangen, ohne diskursiven Gebrauch des Verstandes, also etwa ohne bewusste Schlussfolgerungen.

94 https://de.wikipedia.org/wiki/Introversion_und_Extraversion

Intuition ist ein Teil kreativer Entwicklungen. Der die Entwicklung begleitende Intellekt führt nur noch aus oder prüft bewusst die Ergebnisse, die aus dem Unbewussten kommen. Kritisch ist hierbei zu sehen, dass bei positiver Wirkung einer – zunächst nicht begründbaren – Entscheidung gerne von Intuition gesprochen wird, während man im Falle des Scheiterns schlicht „einen Fehler gemacht" hat, wobei es gerade keinen Mechanismus gibt zu prüfen, welche mentalen Vorgänge zur jeweiligen Entscheidung führten.

Als allgemeine Aspekte der Intuition werden (aus unterschiedlichen, voneinander abweichenden oder gar einander widersprechenden Positionen heraus) folgende angesehen:

- Eine Begabung, auf Anhieb eine gute Entscheidung treffen zu können, ohne die zugrundeliegenden Zusammenhänge explizit zu verstehen. Umgangssprachlich „aus dem Bauch" („Bauchgefühl"), spontan, oft auch wenn bestimmte Gründe vorliegen, die eine andere Entscheidung nahelegen.

- Die schnelle eingebungsmäßige Einsicht in Zusammenhänge und ihre Erkenntnis ohne bewusste rationale Ableitung oder Schlüsse, sowie auch das Entstehen neuer Erfindungen und Ideen. „Der Zufall trifft nur einen vorbereiteten Geist", sagte Louis Pasteur. Ein Beispiel wäre der im Traum entdeckte Benzolring (wie von Friedrich August Kekulé von Stradonitz berichtet). Ein eng verwandter Begriff ist Serendipity.

- Die Fähigkeit, Eigenschaften und Emotionen in Sekundenbruchteilen unbewusst oder bewusst komplex und instinkthaft zu erfassen. Entwicklungsgeschichtlich eine Einstellung, die der Unterscheidung von Freund und Feind dienen muss (evtl. Kampf- oder Fluchtreaktion). Heutzutage eine trainierbare Wahrnehmungsform, deren Problemfelder in der Differenzierung gegenüber Projektionen und Vorurteilen sowie in der Bewusstmachung liegen.

- Die unbewussten Gründe für eine bestimmte Entscheidung.

- Das Einfühlungsvermögen in intrapsychische Sachverhalte (Emotionale Intelligenz, Empathie).

- Indirekt der sogenannte gesunde Menschenverstand. Intuition hat einen engen Zusammenhang mit der »inneren« Logik der Gegebenheiten und mit früheren Erfahrungen (größtenteils unbewusste Wahrnehmungsinterpretationsmuster).

- Der Geistesblitz: Eine besondere Form der Intuition ist der Geistesblitz, bei dem unerwartet ein neuer Gedanke entsteht.

- „Intuition ist die Quelle der Phantasie (Fantasie)": ein von innen her Berührt-Werden bzw. Angerührt-Wordensein („Ein-Gebung").

In der Psychologie des Carl Gustav Jung ist die Intuition eine von vier psychologischen Grundfunktionen, die eine Wahrnehmung zukünftiger Entwicklungen mit all ihren Optionen und Potenzialen ermöglicht. Sie wird meist als instinktives Erfassen oder als gefühlsmäßige Ahnung wahrgenommen. Die konkrete Intuition vermittelt Wahrnehmungen, welche die Tatsächlichkeit der Dinge betreffen, die abstrakte Intuition vermittelt dagegen die Wahrnehmung ideeller Zusammenhänge. Beim intuitiven Charakter-Typus nach Jung kommt es häufig zu einer Verschmelzung mit dem kollektiven Unbewussten.

Ein altes Klischee besagt, die Intuition sei im Vergleich zu Männern bei Frauen ausgeprägter („weibliche Intuition"). Dafür gibt es jedoch keine stichhaltigen wissenschaftlichen Befunde. Das einzige, wobei Frauen den Männern in dieser Hinsicht eventuell überlegen sind, ist das schnelle Wahrnehmen von Gefühlszuständen anderer Menschen. Manche Forscher gehen sogar so weit zu behaupten, das Gehirn von Frauen sei von Geburt an auf Einfühlungsvermögen „geeicht" (E-Hirn), während Männer die Welt von der Tendenz her eher systematisch (S-Hirn) interpretieren. Diese These ist umstritten.

Im Bereich der Systemischen Führung wird Intuition als wesentliches Merkmal für ein qualifiziertes Management gesehen. Erst wenn eine Führungskraft im guten Kontakt mit sich selbst wie auch den Mitarbeitern steht und zugleich die Bedürfnisse des Marktes erspüren kann, wird sie Erfolg haben. Intuition (oder einer ihrer Aspekte) wird als ein Synonym für Emotionale Intelligenz gesehen.

Als grundlegende menschliche Kompetenz verstanden, ist Intuition die zentrale Fähigkeit zur Informationsverarbeitung und zur angemessenen Reaktion bei großer Komplexität der zu verarbeitenden Daten. Sie führt sehr oft zu richtigen bzw. optimalen Ergebnissen. Es gibt zwei verschiedene Stufen der Intuition: Die Gefühlsentscheidung und die auf Verstand beruhende Intuition (Inkubation). Dabei werden die Informationen unbewusst verarbeitet und das Bewusstsein wird „eingeschaltet", wenn das Unterbewusste auf eine Lösung stößt. Intuition bedeutet nicht unbedingt eine sofortige Lösung, oft hilft es, „eine Nacht darüber zu schlafen".

Die moderne naturwissenschaftliche Perspektive betrachtet Intuition einerseits kritisch: Ihr wird vorgeworfen, sie könne sich nur in naiver Weise beweisen und zerfalle bei Hinterfragung. Intuition wird hier als ein nomineller Begriff verstanden, der sich als eine sich erkenntnisfähig fühlende Emotion zeigt. Sie kann als Flucht aus der aufgeklärten und vernünftigen Terminologie betrachtet werden, oder als deren Überwindung.

Andererseits deuten neue Forschungsergebnisse darauf hin, dass man mit der Intuition manchmal – und nicht zuletzt in komplexen Situationen – zu besseren Entscheidungen kommt als mit dem bewussten Verstand. Die Theorie dahinter: Das Unbewusste ist in der Lage, weitaus mehr Informationen zu berücksichtigen als das Bewusstsein, das zwar sehr präzise ist, jedoch mit nur wenigen Informationen zurechtkommt.

Im technischen Bereich ist der Umgang mit Intuition eher pragmatisch orientiert: So bemühen sich Ergonomen, Designer oder Softwareentwickler die Bedienung von Geräten und Programmen möglichst intuitiv, also den Verhaltens- und Wahrnehmungsgewohnheiten angepasst, zu gestalten. Hierdurch soll beispielsweise die Einarbeitungszeit für moderne Industrieanlagen, Software und Konsumprodukte derart verkürzt werden, dass der Traum von einem leichteren Leben, trotz gestiegener Leistungsfähigkeit, in einigen Bereichen wahr wird. Essentiell ist die Ausnutzung der Intuition insbesondere bei Warnmeldungen, da hier eine schnelle und richtige Reaktion des Benutzers erzielt werden soll.[95]

[95] https://de.wikipedia.org/wiki/Intuition

10 Buchstabe J

10.1 Ja-Sager

Als Ja-Sager bezeichnet man Menschen, die grundsätzlich zu allen Vorschlägen "Ja" sagen, um die Gunst eines anderen Menschen zu gewinnen.

Index

Empfehlungen des Verlags

Thomas A. M. Windelschmidt

Das wichtigste Wort zum gesund & glücklich sein: Danke!

Mit Vorworten von Claudia Appel und Richard Neubersch

Das "Danke" ist nach Einschätzung des Autors das wichtigste Wort zum gesund und glücklich sein. Diese Aussage begründet der Autor nachvollziehbar im vorliegenden Buch.

Das Unterbewusste (Unterbewusstsein) steuert nicht nur das vegetative Nervensystem und fast alle Körperfunktionen, sondern es greift massiv in das Denken, Fühlen und Erleben des Menschen ein. Das Bewusstsein ist mit der Spitze eines Eisbergs vergleichbar, auch wenn man als Mensch „glaubt", alles mit dem Ego „im Griff zu haben". Wenn man weiß, wie man das Unterbewusste zielorientiert positiv beeinflussen kann, ist es möglich, das eigene Erleben, also sein Schicksal, unter einem neuen Blickwinkel zu sehen und das Leben als Geschenk anzunehmen. Warum hierfür das Wort „Danke" ein zentraler Baustein ist und wie man seinen eigenen Weg in eine positive Lebenseinstellung finden kann, erläutert der Autor in diesem MUTMACHBUCH.

Weitere Infos: seelencoaching.de und omniavision.de

ISBN Hardcover	978-3-96565-000-8	€ 24,99
ISBN Paperback	978-3-96565-001-5	€ 17,99
ISBN Epub	978-3-96565-002-2	€ 14,99
ISBN Mobi	978-3-96565-003-9	€ 14,99

Thomas A. M. Windelschmidt

Die Wahrheit über Ihre innere Macht: SUM ERGO CREO

Halten Sie es für möglich, dass man als Mensch schöpferisch tätig ist, egal ob man es weiß oder nicht? Oder ist für Sie der "Stand der Wissenschaft" in Stein gemeißelt und das heutige Wissen "unantastbar"? Man sollte sich in jedem Fall klarmachen, dass das, was die "offizielle" Wissenschaft sagt, bereits seit der Antike einem stetigen Wandel unterzogen war. Das, was zu Zeiten von Sokrates und Plato Stand der Wissenschaft war, galt nur eine bestimmte Zeit, genauso wie das "Wissen" der Physiker und Mediziner z.B. zu Beginn des 20. Jahrhunderts. Auch das, was heute zu Beginn des 21. Jahrhunderts als "Wissen" proklamiert wird, wird in weniger als 100 Jahren "neuem Wissen" gewichen sein. Und genau darum hält es der Autor mit Sokrates, der sagte: "Ich weiß, dass ich nicht weiß!"

Eventuell wird die Vorstellung des Autors "SUM ERGO CREO = Ich bin, also erschaffe ich" irgendwann überholt sein, aber Stand heute ist der Autor davon überzeugt, dass es sich für Sie lohnen kann, diese Idee auf den Prüfstand zu stellen.

Weitere Infos: sum-ergo-creo.de und omniavision.de

ISBN Hardcover	978-3-96565-004-6	€ 24,99
ISBN Paperback	978-3-96565-005-3	€ 17,99
ISBN Epub	978-3-96565-006-0	€ 14,99
ISBN Mobi	978-3-96565-007-7	€ 14,99

Thomas A. M. Windelschmidt
Claudia Appel

Reframingcoaching
Unterbewusstes bewusst auflösen

Mit einem Vorwort von Andreas Winter

Leiden Sie unter Krankheiten, Erfolgsblockaden oder "falschen" Glaubenssätzen? Sind Sie auf der Suche nach sich selbst, Ihrer Persönlichkeit, Ihrer Berufung, Ihrem Lebenssinn? Erleben Sie immer die gleichen (meist als unangenehm empfundenen) Situationen? Machen Sie fortwährend ähnliche negative Erfahrungen in Ihrer Partnerschaft, im Beruf, im Freundeskreis, ohne zu wissen, warum Sie evtl. immer die gleichen Fehler machen und sich ungewollte Erfahrungen (z.B. Geldverlust, Geldmangel, falsche Freunde) wiederholen? Mit dem Reframingcoaching können Sie eine Herangehensweise kennenlernen, mit der es möglich ist, im Unterbewusstsein verankerte Strukturen, die zu Symptomen, Krankheiten und immer gleichen Erfahrungen führen können, zu erkennen und aufzulösen. Es darf Sie nicht überraschen, wenn sich Ihr Leben sehr stark ändert und Ihnen neue Türen offenstehen.

Weitere Infos: reframingcoaching.de und omniavision.de

ISBN Hardcover	978-3-96565-008-4	€ 29,99
ISBN Paperback	978-3-96565-009-1	€ 21,99
ISBN Epub	978-3-96565-010-7	€ 17,99
ISBN Mobi	978-3-96565-011-4	€ 17,99

Thomas A. M. Windelschmidt

**Omniatherapie
Gesundheit & Glück durch
Verstehen & Versöhnung Bd. I**

**Mit einem Vorwort von
Vera Brandes und Dieter Broers**

Das Reframingcoaching konnte vielen Menschen helfen, Dinge aufzulösen, die im Hier und Jetzt belastend waren und zu Konsequenzen (Symptomen) geführt haben. Im Laufe der Zeit haben komplexere „Herausforderungen" dazu geführt, dass eine Ergänzung des Konzepts zielführend war. Wenn z.B. eine Frau nicht schwanger wird, kann man überlegen, dass psychische Blockaden eine Rolle spielen. Und wenn z.B. ein Missbrauch in der Familie vorliegt, dann verlangt dies nach Erfahrung des Autors zu einer Analyse der Familienkonstellation und einer liebevollen Auflösung der belastenden Energien.

Band I: Medizinische Historie, physische und psychische Heilansätze, physikalische und biologische Hintergründe, Betrachtung von Gesundheit, Krankheit und Symptomen, die Trinität von Körper, Geist und Seele, die Psyche, Bewusstsein und Unterbewusstes, sowie Traumata.

Weitere Infos: omniatherapie.de und omniavision.de

ISBN Hardcover	978-3-96565-012-1	€ 24,99
ISBN Paperback	978-3-96565-013-8	€ 17,99
ISBN Epub	978-3-96565-014-5	€ 14,99
ISBN Mobi	978-3-96565-015-2	€ 14,99

Thomas A. M. Windelschmidt

Omniatherapie
Gesundheit & Glück durch
Verstehen & Versöhnung Bd. II

In drei Bänden finden Sie eine Herleitung des Konzepts der Omniatherapie. Dem Autor ist es wichtig, dass er die Herangehensweise und die Entwicklung seiner Vorgehensweise dezidiert herleitet und erläutert, damit die Omniatherapie für Sie „greifbar" wird.

Band II: Was sind Denken, Fühlen, Glauben und Vertrauen, Angst und das Gegenteil von Angst, Schuld und Verantwortung, Trauer und die große Traurigkeit, Glaubenssätze und das Gesetz der Resonanz, Wünsche, Zufriedenheit und Glück, Liebe, Vertrauen und Vergebung, sowie Schlaf und Träume.

Weitere Infos: www.omniatherapie.de und omniavision.de

ISBN Hardcover	978-3-96565-016-9	€ 24,99
ISBN Paperback	978-3-96565-017-6	€ 17,99
ISBN Epub	978-3-96565-018-3	€ 14,99
ISBN Mobi	978-3-96565-019-0	€ 14,99

Thomas A. M. Windelschmidt

Omniatherapie
Gesundheit & Glück durch
Verstehen & Versöhnung Bd. III

In drei Bänden finden Sie eine Herleitung des Konzepts der Omniatherapie. Dem Autor ist es wichtig, dass er die Herangehensweise und die Entwicklung seiner Vorgehensweise dezidiert herleitet und erläutert, damit die Omniatherapie für Sie „greifbar" wird.

Band III: Religion, Glaube und Vertrauen, Leben und Tod, Karma, Beten, systemische Hintergründe, Affirmationen und Suggestionen, Hypnose und Trance, Reframing in der Omniatherapie, Voraussetzungen, die 30 Stufen der Omniatherapie, technische Hilfsmittel und Anwendungsgebiete

Weitere Infos: omniatherapie.de und omniavision.de

ISBN Hardcover	978-3-99072-020-2	€ 24,99
ISBN Paperback	978-3-96565-021-3	€ 17,99
ISBN Epub	978-3-99072-022-6	€ 14,99
ISBN Mobi	978-3-99072-023-3	€ 14,99

Thomas A. M. Windelschmidt

Siegersystem
Gewinnen ist Bauchsache
Bd I: Theoretische Hintergründe

Mit Vorworten von Andreas Lorenz und Thorsten Schulte

Können Sie sich vorstellen, dass Sie – wie man es so oft hört – Ihres Glückes Schmied sind und zu 100% verantwortlich für alles, was in Ihrem Leben passiert?

Der Nachteil dieser „Erkenntnis" ist, dass Sie sich nie wieder als Opfer darstellen „dürfen/können", z.B. um Mitgefühl oder sogar Mitleid zu „erhaschen". Der große Vorteil dieses „Wissens" ist allerdings, dass Sie sich der „Herrschaft über Ihr Leben" bewusst sind, alles zielgerichtet beeinflussen können und die Freiheit haben, Ihre Vorstellungen zu manifestieren. Das Siegersystem-Konzept ist eine Lebenseinstellung. Im Fokus steht, sich selbst als Gewinner zu sehen und zu fühlen, das eigene Leben als Gewinn anzusehen und als Geschenk anzunehmen, indem man die positiven und schönen Aspekte in den Mittelpunkt des eigenen Denkens und Fühlens rückt. Und zwar immer, ganz unabhängig von bisher als negativ angesehenen Begleiterscheinungen.

Weitere Infos: siegersystem.de und omniavision.de

ISBN Hardcover	978-3-96565-024-4	€ 24,99
ISBN Paperback	978-3-96565-025-1	€ 17,99
ISBN Epub	978-3-96565-026-8	€ 14,99
ISBN Mobi	978-3-96565-027-5	€ 14,99

Thomas A. M. Windelschmidt

Siegersystem
Gewinnen ist Bauchsache
Bd II: Anwendung & Umsetzung

Während in Band I zum Siegersystem einige theoretische Hintergründe erläutert wurden, erfährt der Leser in Band II, wie die 66 Schritte des Siegersystems aussehen und welche technischen Hilfsmittel eingesetzt werden können, um den "eigenen" Weg zu finden und zu gehen. Konkrete Tipps und Empfehlungen helfen dem Leser, nicht nur den ersten Schritt zu unternehmen, sondern sich sukzessive seiner "eigenen Meisterschaft" anzunähern.

Denn denken Sie immer daran: Sie sind Ihres Glückes Schmied, Sie sind "Chef" Ihres Lebens, Sie ganz allein können für sich entscheiden, zu den "Gewinnern" zu gehören und Ihr Leben als Geschenk zu erkennen und anzunehmen. Jetzt in diesem Moment, in welchem Sie diese Zeilen lesen, haben Sie die Chance, Ihre Lebenskarten neu zu mischen und ab sofort das Leben zu führen, das Sie schon immer führen wollten. Sie ganz allein sind verantwortlich für Ihr Leben.

Weitere Infos: siegersystem.de und omniavision.de

ISBN Hardcover	978-3-96565-028-2	€ 24,99
ISBN Paperback	978-3-96565-029-9	€ 17,99
ISBN Epub	978-3-96565-030-5	€ 14,99
ISBN Mobi	978-3-96565-031-2	€ 14,99

Thomas A. M. Windelschmidt

"Der Counselor"
Programmierung des Unterbewussten zur positiven Zielorientierung Bd. I

Mit Vorworten von Martin Limbeck und Markus Euler

Ihr wirkliches Ziel mit Ihnen zu erreichen, ist die "Der Counselor"-Aufgabe! Mit der Klärung von drei Anfangsfragen ist es leichter, den richtigen Weg zu Ihrem Ziel, z.B. zum gewünschten Erfolg, zu finden und zu gehen.

- Was ist Ihre Motivation? Was ist Ihr Warum?
- Was wollen Sie wirklich-wirklich-wirklich?
- Was ist Ihre Bestimmung bzw. Ihre Lebensaufgabe?

"Der Counselor" versteht sich als Ihr Werkzeug, um unterbewusste Blockaden aufzulösen und „falsche“ Glaubenssätze, die oftmals in der Kindheit „angelegt“ wurden, auszuräumen und mit zielführenden Glaubenssätzen zu substituieren. Das Ziel ist es, Ihre unbewusste (intrinsische) Motivation herauszufinden und Ihr maximales Leistungsvermögen, egal ob im Sport oder im Beruf, hervorzurufen und Ihren Weg zu Ihrem persönlichen Erfolg zu beschleunigen und zu optimieren.

Weitere Infos: der-counselor.de und omniavision.de

ISBN Hardcover	978-3-96565-032-9	€ 24,99
ISBN Paperback	978-3-96565-033-6	€ 17,99
ISBN Epub	978-3-96565-034-3	€ 14,99
ISBN Mobi	978-3-96565-035-0	€ 14,99

Thomas A. M. Windelschmidt

"Der Counselor" Programmierung des Unterbewussten zur positiven Zielorientierung Bd. II

In Band I zu "Programmierung des Unterbewussten zur positiven Zielorientierung" wurde folgende Kernaussage hergeleitet und erläutert:

- "Du bist, was Du denkst, also denke doch, was Du willst!"

In Band II kommen Menschen zu Wort, die in ihrem Bereich besonders erfolgreich waren oder sind. Die Gesprächspartner haben z.T. sehr unterschiedliche Historien und waren oder sind in verschiedenen Bereichen erfolgreich, z.T. im Sport, z.T. Im Geschäftsleben, aber auch in den Bereichen Wissenschaft, Kunst oder Kultur.

Diese Menschen, die im vorliegenden Buch zu Wort kommen, kennenzulernen und ihr "Warum?" und ihre intrinsische Motivation kennenlernen, war eine große Freude.

Weitere Infos: der-counselor.de und omniavision.de

ISBN Hardcover	978-3-96565-036-7	€ 24,99
ISBN Paperback	978-3-96565-037-4	€ 17,99
ISBN Epub	978-3-96565-038-1	€ 14,99
ISBN Mobi	978-3-96565-039-8	€ 14,99

Thomas A. M. Windelschmidt

Submediation
Konflikte "über" das Unterbewusste lösen

Mit einem Vorwort von Hans-Joachim Pohlmann

Unter Mediation versteht man eine Vermittlung zwischen Parteien mit Hilfe eines Mediators, um Meinungsverschiedenheiten, Streitigkeiten oder Konflikte zu lösen. Eine "übliche" Mediation versucht auf der Verstandesebene (Ratio) zu einer Win-Win-Lösung zu kommen. Demgegenüber strebt die Submediation (Subconscious-Mediation) eine grundsätzliche Lösung über das Unterbewusste der Beteiligten an, d.h. es werden auf der Ebene des Unterbewussten die wahren, verborgenen Hintergründe von Dissonanzen und Problemen gesucht und analysiert, um sie gemeinsam mit der jeweiligen Person zu erkennen, zu verstehen und aufzulösen. Der herausragende Vorteil der Submediation liegt darin, dass man nicht versucht, durch „noch akzeptable" Kompromisse eine „Muss"-Einigung zu erreichen, sondern dass man über das „Dürfen" zu einem „Wollen" findet, d.h. das Unterbewusste (emotionale Muster, Blockaden, Glaubenssätze) steht nicht mehr im Weg.

Weitere Infos: submediation.de und omniavision.de

ISBN Hardcover	978-3-96565-040-4	€ 29,99
ISBN Paperback	978-3-96565-041-1	€ 21,99
ISBN Epub	978-3-96565-042-8	€ 17,99
ISBN Mobi	978-3-96565-043-5	€ 17,99

Thomas A. M. Windelschmidt

Wörterbuch 1: A-J

Dieses Wörterbuch enthält Inhalte aus Fachbüchern und dem Internet zur Erläuterung von Begriffen aus den Bereichen Medizin, Psychologie, Physik, Medizin und Biologie u.a. in folgenden Büchern

- ✓ Das wichtigste Wort zum gesund & glücklich sein: Danke!
- ✓ Die Wahrheit über Ihre innere Macht: SUM ERGO CREO
- ✓ Reframingcoaching: Unterbewusstes bewusst auflösen
- ✓ Omniatherapie: Gesundheit & Glück durch Verstehen & Versöhnung
- ✓ Siegersystem: Gewinnen ist Bauchsache
- ✓ "Der Counselor": Programmierung des Unterbewussten zur positiven Zielorientierung
- ✓ Submediation: Konflikte „über" das Unterbewusste lösen

Das Buch wird vom Autor subventioniert und als pdf-Download sogar kostenlos angeboten., siehe omniatherapie.de und omniavision.de.

Weitere Infos::omniatherapie.de und omniavision.de

ISBN Hardcover	978-3-96565-044-2	€ 15,99
ISBN Paperback	978-3-96565-045-9	€ 9,99
ISBN Epub	978-3-96565-046-6	€ 4,99
ISBN Mobi	978-3-96565-047-3	€ 4,99

Thomas A. M. Windelschmidt

Wörterbuch 2: K-P

Dieses Wörterbuch enthält Inhalte aus Fachbüchern und dem Internet zur Erläuterung von Begriffen aus den Bereichen Medizin, Psychologie, Physik, Medizin und Biologie u.a. in folgenden Büchern

- ✓ Das wichtigste Wort zum gesund & glücklich sein: Danke!
- ✓ Die Wahrheit über Ihre innere Macht: SUM ERGO CREO
- ✓ Reframingcoaching: Unterbewusstes bewusst auflösen
- ✓ Omniatherapie: Gesundheit & Glück durch Verstehen & Versöhnung
- ✓ Siegersystem: Gewinnen ist Bauchsache
- ✓ "Der Counselor": Programmierung des Unterbewussten zur positiven Zielorientierung
- ✓ Submediation: Konflikte „über" das Unterbewusste lösen

Das Buch wird vom Autor subventioniert und als pdf-Download sogar kostenlos angeboten., siehe omniatherapie.de und omniavision.de.

Weitere Infos::omniatherapie.de und omniavision.de

ISBN Hardcover	978-3-96565-048-0	€ 15,99
ISBN Paperback	978-3-96565-049-7	€ 9,99
ISBN Epub	978-3-96565-050-3	€ 4,99
ISBN Mobi	978-3-96565-051-0	€ 4,99

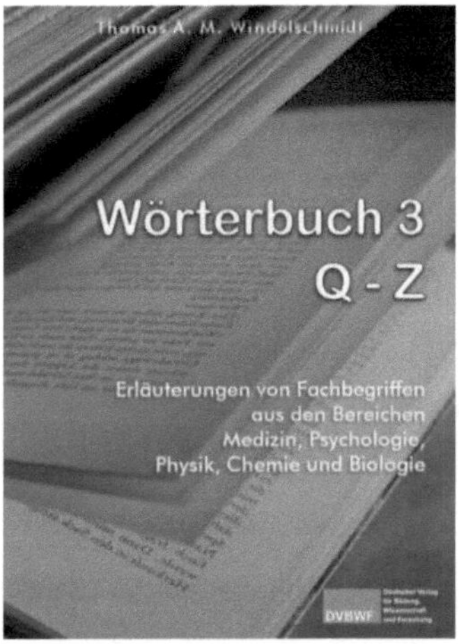

Thomas A. M. Windelschmidt

Wörterbuch 3: Q-Z

Dieses Wörterbuch enthält Inhalte aus Fachbüchern und dem Internet zur Erläuterung von Begriffen aus den Bereichen Medizin, Psychologie, Physik, Medizin und Biologie u.a. in folgenden Büchern

- ✓ Reframingcoaching: Unterbewusstes bewusst auflösen
- ✓ Omniatherapie: Gesundheit & Glück durch Verstehen & Versöhnung
- ✓ Siegersystem: Gewinnen ist Bauchsache
- ✓ Programmierung des Unterbewussten zur positiven Zielorientierung
- ✓ Das wichtigste Wort zum gesund & glücklich sein: Danke!
- ✓ Submediation: Konflikte „über" das Unterbewusste lösen
- ✓ Die Wahrheit über Ihre innere Macht: SUM ERGO CREO

Das Buch wird vom Autor subventioniert und als pdf-Download sogar kostenlos angeboten., siehe omniatherapie.de und omniavision.de.

Weitere Infos::omniatherapie.de und omniavision.de

ISBN Hardcover	978-3-96565-052-7	€ 15,99
ISBN Paperback	978-3-96565-053-4	€ 9,99
ISBN Epub	978-3-96565-054-1	€ 4,99
ISBN Mobi	978-3-96565-055-8	€ 4,99

Thomas A. M. Windelschmidt

GELD: Historie, Probleme im Status quo und Lösungsansätze

Mit Vorworten von
Andreas Popp, Helmut Creutz
und Prof. Dr. Hans J. Bocker

Jeder denkt zu wissen, was „Geld" ist. Fast jeder meint, eine Ahnung zu haben, wie das Geldsystem funktioniert. Und einige sind sich sicher, zu wissen, wie das Finanz- und Wirtschaftssystem aufgebaut ist, wer es steuert und wie es beeinflusst werden kann. Aber stimmt das?

Warum gibt es dann Wirtschaftskrisen? Warum geht die Schere zwischen arm und reich auseinander? Warum gibt es wenige Familien, die 80% des weltweit verfügbaren Kapitals beherrschen, und viele Menschen, die an der Armutsgrenze leben? Warum muss immer mehr produziert werden, nur um bestehende Schulden abzutragen? Wie ist es erklärbar, dass sich ein Staat in seiner eigenen Währung verschulden kann/muss?

Dem Autor gelingt es mit diesem Buch, etwas Licht ins Dunkel zu bringen und komplizierte Sachverhalte in einfachen Worten nachvollziehbar darzustellen, warum "Geld", so wie es konzipiert ist, auf Dauer gar nicht funktionieren „kann".

ISBN Hardcover	978-3-96565-056-5	€ 29,99
ISBN Paperback	978-3-96565-057-2	€ 21,99
ISBN Epub	978-3-96565-058-9	€ 17,99
ISBN Mobi	978-3-96565-059-6	€ 17,99

Thomas A. M. Windelschmidt

MONEY: History, Beliefs, Facts and Solutions

With forwords by
Andreas Popp, Helmut Creutz
and Prof. Dr. Hans J. Bocker

Everyone believes to know what "this" is. Almost everyone thinks they know how the money system works. And some are even sure they know how the financial and economic system is structured, who controls it and how is value can be influenced. But is it really so?

Why are there so many economic crises? Why is the gap between rich and poor widening? Why are there a few families that control 80% of the world's available capital and so many people living on or below the poverty line? And why must more and more be produced just to pay off past debts? What explains why countries established their own currency?

With this book, the author sheds light on complicated facts and puts them into simple terms. With all the flaws in the current money system and the fundamental errors and mistakes that were made when it was construed, it is of essential importance to comprehend why it cannot be sustained in the current status quo.

ISBN Hardcover	978-3-96565-060-2	€ 29,99
ISBN Paperback	978-3-96565-061-9	€ 21,99
ISBN Epub	978-3-96565-062-6	€ 17,99
ISBN Mobi	978-3-96565-063-3	€ 17,99

Thomas A. M. Windelschmidt

Innovative ways forward on the German financial market

Financial markets are in a state of upheaval. The "old school" mechanisms which have worked in the past decades, have become obsolete in today's economic reality. The past strategies have to be reconsidered and replaced by new concepts and understandings. The conditions of life on earth have changed dramatically, the political and economic arenas are not the same any longer the enormously technical developments have contributed to this development. The globalization of communication triggered by Internet and smartphone technologies, social networks and artificial intelligence require a rethink. Market transparency is no longer fiction - portals like check24 are enabling consumers to become professional buying experts furthering developments of new fee-based advice services. Shedding a bright light onto the problems of the existing monetary and financial system, the author presents a layout for alternative solutions. A precious read for the times ahead.

Thomas A. M. Windelschmidt

Space Commercialization

Since Jules Verne published his novel "De la Terre à la Lune" in 1965, people are dreaming of entering space. Yuri Alexeyevich Gagarin was the first man in orbit on 12 April 1961 - according to official statements - and Neil Alden Armstrong is said to have been the first person to set foot on the moon on July 21, 1969. Since then, technical development has brought rapid progress. Rumors are spreading about secret technologies enabling man to even visit Mars. Space travelling fueled the genre of science fiction films and has since been the dream of many. Plans exist to make them come true and to enable earthlings to morph into real world space explorers. The commercialization of space is no longer a future vision, but an up and coming industry with non-fictious potentials. In addition to the US American NASA and the European ESA, other countries and private companies are pursuing ambitious goals. Creating a legal base for these adventurous endeavours was a mandatory step, resulting into agreements like the Moon Treaty. In this book, the author presents the historicalprocess, delivers explanations in regards to the status quo and dares to look into the future. Let yourself be carried away into a time that can offer a lot of excitement and let your imagination run wild. The future is just around the corner.

Nur auf Anfrage direkt beim Autor für € 149,-- erhältlich.